天鹅学报
Swan Journal

更好读的经济学

鲁晓东　主编

当代世界出版社
THE CONTEMPORARY WORLD PRESS

图书在版编目（CIP）数据

天鹅学报：更好读的经济学 / 鲁晓东主编.
北京：当代世界出版社，2024.11. --ISBN 978-7-5090-1862-0

Ⅰ.F0

中国国家版本馆CIP数据核字第20243J4Y17号

书　　名：天鹅学报：更好读的经济学
主　　编：鲁晓东
出 品 人：李双伍
监　　制：吕　辉
统　　筹：孙　真
责任编辑：李玢穗
出版发行：当代世界出版社
地　　址：北京市东城区地安门东大街70-9号
邮　　编：100009
邮　　箱：ddsjchubanshe@163.com
编务电话：（010）83907528
　　　　　（010）83908410 转 804
发行电话：（010）83908410 转 812
传　　真：（010）83908410 转 806
经　　销：新华书店
印　　刷：艺通印刷（天津）有限公司
开　　本：880毫米×1230毫米　1/32
印　　张：10.5
字　　数：210千字
版　　次：2024年11月第1版
印　　次：2024年11月第1次
书　　号：ISBN 978-7-5090-1862-0
定　　价：68.00元

法律顾问：北京市东卫律师事务所　钱汪龙律师团队（010）65542827
版权所有，翻印必究；未经许可，不得转载。

序 言
Preface

展翅的天鹅

"苏格拉底做了一个梦,梦见一只天鹅雏鸟落到了他的腿上,然后它长出了翅膀,在甜美的叫声中飞走了。第二天,他遇见了后来成为他门生的柏拉图,苏格拉底坚信,他昨晚梦见的天鹅就是柏拉图。这位学子在多年以后成为人类思想的导师,他的智慧展翅高飞,流传千年……"

这个故事出现在犬儒学派哲学家第欧根尼·拉尔修(Diogenes Laertius)《名哲言行录》的第五章,创作于公元前4世纪,是苏格拉底和柏拉图师徒智慧传承的诗意表达。

在经典中蛰居2400多年之后,它被赋予全新的意义,在我们的创作中复活,在纸页纷飞中翩然展翅。

天鹅之名便来源于此。

一、探索更好的经济学叙事方式

在这个充斥着流媒体的时代,做一本纸质书似乎与阅读的潮流逆向而行。2021年暑假,我在北京望京参加了一个由"做书"组织的小众书展,其中风格各异、形式丰富的出版物大大拓展了我对纸质书的认知。唯一遗憾的是,遍览整个书展,找不到一本以经济学作为主题的印刷品。在返回广州的飞机上,望着舷窗外的层层白云，我萌生了以经济学为主题做一本纸质出版物的想法。

作为一名经济学教授，我为什么要写一本看起来不那么"经济学"的"经济学作品"？主要原因或许来自我对自己所从事的主流经济学研究怀有的负面情绪。不管接受与否，经济学是当今社会科学中的"世之显学"。作为一门学科，它至少有200多年的历史，但是作为一种思想，它的火种则可以追溯到远古时代。

随着学科发展日臻成熟，研究技术也逐渐向数学归并，但为此付出的代价是，它作为一种思想的美学意义被大大忽略了。1991年诺贝尔经济学奖得主罗纳德·科斯愤然道："经济学科从人类创造财富的道德科学变为资源配置的冷酷逻辑，人性深度和丰富度的损失是最显著的代价。"

数学赋予了经济学准确表达的同时，也剥夺了后者进行复杂思考的能力，对量化研究"船货崇拜"式的伪装让经济学人们彻底迷失在技术的矩阵里。

但是经济学终究是研究人的科学，主流经济学这一套叙事语言也将它最应该争取的大众读者拒之门外，最聪明的经济学者把绝大部分智力都用来迎合审稿人各式反人类的偏好上，全然忘记了批判精神和追寻真理的终极使命。所以，当前经济学学科最大的问题并不在于它的发展前沿不够"前沿"，而是它与社会的沟通不足，日渐成为一个不为人知、"自娱自乐"的智力游戏，这无疑与我走向经济学研究之路的初心严重背离。

是否存在更好的叙事方式呢？相对于数学语言，文字语言更加亲切，也充满了温度，但是也许会失去一定的准确度。在大体上正确和准确的错误之间，如果你也倾向于前者，那么建议翻开我们这本书。

我们试图证明，脱离了数学语言，经济学也可以被清晰有效地表达。我们想做的，就是重塑经济学思想的美学价值。

因此也就有了《天鹅学报》封面上的这句话——探索更好的经济学叙事方式。

我们笃信，这样一种更易传播的表达方式有助于实现经济学学术价值与社会价值的统一，并在这个网络时代还原传统纸质阅读的魅力。

这注定是一条人迹罕至的小路，莫瑞尔·史多德在《风中的野花》（Wind-Wafted Flowers）中说："我不会追随小路的方向，而是前往无人踏足之地，留下自己的足迹。"我们亦如此。

二、她的名字叫《天鹅学报》

尽管看起来似乎相去甚远，但是这本书的原始形态大都来自大学的经济学课堂。或者是课堂的讨论，或者是课程的作业，我们抛去了这些鲜活思想背后的技术过程，将它的肌理以一种更加亲切质朴的形式展示出来。

这种由师生共同完成一个题目的创作模式在我的认知范围里尚不多见。这本书的创作是由老师和同学们共同完成的，每一个篇章的创作思路是，先由我基于课堂讲授的内容以及经济热点选择合适的主题，通过布置作业，或者定向邀约的形式，请同学们参与进来并进行定向创作。与此同时，我也基于同样的题目和要求进行研究写作。

这种独具创新意义的教学模式也是我对当前学院派经济学教育方式的一种反叛和再探索。在中国的经济学课堂里，充斥着各种基于过程的关键绩效指标（KPI）评价方式，如传统的出勤率、及格率、考核大纲覆盖度等，以及基于大数据技术的上课前排就座率、抬头率等指标。因为教育管理者在专业知识上的先天不足，教务部门对教育的实际效果鲜有问津。这本书的教学方式的创新价值在于它隐去了所有的学习过程，我只提供一个题目和写作要求，学生最终只需提交一篇优秀的作品即可。至于在此期间该如何查阅资料、布局谋篇，我只提供有限的指导，老师和学生、学生与学生的创作过程彼此独立，仅靠主题连接在一起，最大程度上激发和锤炼同学们的想象力、创造力和思考力。

为了能够找到一个可以完美呈现这一点的意象，本书的命名过程颇为周折。

最初确定的书名叫作《泛舟者小报》。这是另一个略显古老的故事，主角来自18世纪英国文学的祭酒塞缪尔·约翰逊和他的忘年之交——现代传记文学之父詹姆斯·鲍斯韦尔（James Boswell，1740—1795）。这一对年龄相差31岁的师徒兼好友，书写了英国文学的一段传奇。如果你对他们在泰晤士河上泛舟的故事细节心生好奇,欢迎来到中山大学世界经济史的课堂。

但是,我最终还是放弃了这个标题。其中最主要的原因是它对于本书意旨的信息传达过于间接,两位文学大师对于经济学的世界而言也太过陌生。

沿着"师生联合"这个思路,我一度想使用的标题还包括《风云小报》《赫卡德莫斯公园》《阿卡德莫斯(Academos)学园》等等。

直到有一天,我脑海中浮现出开篇提到的《名哲言行录》里这个桥段,天鹅的意象与我的设计初衷完美契合,也让其他候选标题失去了印上封面的机会。

舍弃"小报",而使用"学报"作为名字则是为了标识这个写作群体本身的学术特质,我们是一群已经或者正在接受正统经济学研究训练的大学师生。

"天鹅"与"学报",这两个看似不相干的词语,在我们的创作里实现了完美的结合。

三、长风漫卷的世界经济

在过去的20多年里,全球经济话题一直是我的兴趣所在,也是我的专业所长。本书的这些选题多来自我对世界经济的问题的长期思考,有些还在中山大学的课堂上讨论过。在课堂上它们是教学的手段,是引导学生思考的素材;进入书中,它们则变身为风干的彩蝶,就像诗人杨牧在《学院之树》中所写:

"失去了干燥的彩衣，只有苏醒的灵魂／在书页里拥抱，紧靠着文字并且／活在我们所追求的同情和智慧里。"我们期待这些带着温度的问题和文字能够启发更多的人，只要每多一个人读到，它们的价值就多了一分。

本书一共收录5个专题，所有内容均为原创，都以我们的独特视角审视当前或过往世界经济的某一个切面。

第一期主题：如果没有农业革命，人类将会怎样？这个问题我思考了近10年，在知乎上也发起过类似的讨论，迄今有两届本科生同学以此为课程作业，参与了这样看似荒诞的思想实验。本书收录的5篇作品来自两个年级的同学，他们的思考或冷峻、或乐观、或沉静，但是无不渗透着强大的理性和跳脱纸面的鲜明观点。

第二期主题：逆水行舟，自由贸易是好的经济学吗？自由贸易是这个全球化时代最为宏大的命题之一，我对它的关注始于1999年某期《三联生活周刊》上一篇关于世界贸易组织（WTO）部长级峰会在西雅图遭遇暴力抵制的评论文章。冥冥中似乎天注定，在兜兜转转多年以后，对这个问题的执着最终将我引向了职业经济学人的人生之路，并以研究国际贸易问题作为毕生的事业。在我开设的国际经济学课程里，有三个关于自由贸易最为根本的问题：（1）如果一个国家在任何产品的制造上都没有优势怎么办？（2）个人的最优选择一定是国家的最优选择吗？（3）自由贸易对国家有益，对每个人也是如此吗？在这些作品中，尽管同学们对自由贸易的态度带有鲜明的学院派特色，但是每个同学的视角又不尽相同。

第三期主题：千年商都养成记。这是我世界经济史课堂上的一个"彩蛋"专题，在过去10年中只是偶尔讲授。这里的"千年商都"特指广州，起因就在于我们工作学习在这座城市。自先秦时期起至今，它的商贸故事讲述了2000多年，它从古至今都是全球贸易版图中的重要枢纽城市。为了完成好这个专题，我带领作者们先后参观了十三行博物馆、黄埔古港、南海神庙等诸多具有鲜明商业特征的历史遗存，试图最大限度地还原广州城在不同时代的商贸业态。最终收录的文章既涉及广州古港的历史变迁，也有广州行商群体的唏嘘命运；既有广州、泉州的跨时空对比，也有"番鬼"笔下晚清广州市井生活的诗意抒发。

第四期主题：回望世界经济史上的19××年。这个选题来自世界经济史课堂上关于20世纪经济问题的分析。20世纪是经济史上离我们最近的一个世纪，当前全球经济的最新变化都是上一个百年长期孕育的结果。20世纪也是经济史发生诸多巨变的一个世纪，人口、科技、资源、制度等发展的要素都曾经历深刻的变革。如果说历史是一面镜子，那么20世纪的历史则是最清晰的那一面。在这一章的构思中，我使用了一种可以称为"节点思考法"的"治史"方法，尽管历史都是连续的，但是仍然有些年份在经济史中发挥着超乎寻常的作用，20世纪的很多年份均具有这样的节点意义。当时给参与写作的同学们提的具体要求是"以'回望世界经济史上的19××年'为标题，挑选一个你认为最具代表性的年份,深刻阐述这一年在全球经济史上的非凡意义"。经过认真的遴选,在这个"百年"大名单里,1901、1913、1933、1952、1973和1999年最终得以进入本书,为漫长的20世纪经济代言。

第五期主题:贸易中的贸易。不得不承认,在所有候选题目中,这一期的主题是我最想讲述,也自以为最具创意,但是现在依然讲不好的一个主题。它构思过程之长甚至超过了本书的写作周期,先后启用了两拨作者,废弃稿件的数量远超读者的想象。全球贸易人人耳熟能详,它在我们的日常认知里,无非就集装箱、远洋货轮、信用证、跨境电商等等,但是"你所见的并非你所见",商品在成为贸易品之前,要经历一个漫长的生产过程。它的设计需要想象力;它的加工过程需要使用能源,并排放二氧化碳等温室气体;在这个数字化时代,供求信息的交换背后伴随大量的比特流;全球生产网络意味着并非所有的出口都来自本国的贡献,那么生产链条上的"一国增加值"是多少也会成为一个问题。贸易建立了一个秘密通道,经由这个通道,碳元素、数字、想象力、增加值、能源实现了全球的移形换位。它们并非像汽车、石油那样显而易见,但是确也纠缠其中,我们称之为贸易中的贸易。

对于日新月异的世界经济而言,5个专题所能呈现的内容的确有限,这种"专题式"的编排模式意味着这本《天鹅学报——更好读的经济学》将会是一个系列作品。随后读者可能还会看到的话题有:人工智能与商业应用、全球化之殇、比较优势200年、经济史上的"人"与"口"……

世界经济日日新，又日新，长风漫卷，永远有讲不完的故事、讨论不完的话题，为我们的思考提供了最丰富的背景和源源不断的素材。

四、我们一起做一件事

这是一部中山大学师生的联合作品。

本书共收录作品30篇，除我本人作为教师写作的5篇以外，其他均来自中山大学岭南学院我的学生们。我们在课堂上相遇，除了共同完成一门课的教与学，还在共同的志趣中再度联手。

"但总有人正年轻"，他们是《天鹅学报》不可或缺的另一半。

在这些最终得以呈现在读者面前的文章背后，还有为数众多的课程习作，入选作品是优中选优的结果。25篇学生作品，文笔风格各异、观察视角各异，但是它们有一个共同的特点，都曾经在某一点上打动了我，抓住了这次变为铅字的机会，我期待它们去打动更多的人。

幸运的是，《天鹅学报》在酝酿时期就有了一个相对稳定的创作团队，成员共同的身份就是我的学生，可能是由于某种不可名状的力量存在，他们在写作阶段就自然而然地成为我的"盟友"，欣然加入了这一场发生在中山大学的思想和写作试验。他们为《天鹅学报》带来了更年轻的审美、更具张力的思考、更丰富的想象力，甚至是更时尚的沟通技术。我不知道没有他们的存在，这件作品还要在我的脑海中蛰伏多久。

课堂经历让我们在很短的时间内建立起强大的使命认同，而共同的兴趣让我们的合作变得如沐春风，在这个过程中我作为一个老师的身份感被压到了最低。

热情和效率让他们成为我值得信赖的"中国合伙人"。记不清在这个过程中有多少次推倒重来了，所以读者见到的这些作品尽管可能略显稚嫩，甚至还存在些许瑕疵，但是一定是我们目前能够做出的最好的一个。

如今，他们正在为各自的理想而沿着不同人生轨道奔驰，并顺手给我们留下这一缕芳香。

在《天鹅学报》封底的勒口上，我写下了这样一句话——生活自有千般样貌，我们一起做一件事。

鲁晓东

中山大学岭南学院

2024年6月

目 录
Contents

如果没有农业革命,人类将会怎样?

一本正经地胡思乱想 / 003
Thinking in a Freak Way
鲁晓东

得到什么,失去什么? / 011
Gains and Loses
翟恒宇

平行时空:慢下来的秩序和繁荣 / 019
The Order and Prosperity in a Parallel Slowing World
刘 成

不会到来的时代,最好的时代 / 026
It was the Best of Times
程弋洋

海洋的世界,自由的世界 / 033
The World of the Ocean, The World of Freedom
苏柏杨

离开还是不离开,这是一个问题 / 040
To Leave, or Not to Leave, That is the Question
姚晚洵

幸存的大众文明 / 048
Civilization Belongs to All
谢 意

· 1 ·

逆水行舟：自由贸易是好的经济学吗？

鲁晓东 — 斯托尔帕 – 萨缪尔森定理与产业工人的困境 / 057
The Stolper-Samuelson Theorem and the Industrial Worker's Dilemma

陈广宇 — 自由贸易：难以割舍的烫手山芋 / 071
Free Trade: Trouble that is Hard to Give Up

张 弛 — 自由贸易，深渊或是星辰？ / 082
Free Trade, Curse or Blessing?

王曦池 — 当我们乘着贸易之船前行 / 091
As We Ride the Trade Ship⋯

林伊漩 — 寻找贸易悲喜的平衡点 / 098
Seeking the Balance Between the Cons and Pros in Trade

姚永健 — 自由贸易，不只有赢家和输家 / 107
Free Trade, not just Winners and Losers

千年商都养成记

千年古港　逐海而生　　　　　　　　　　　/ 121
Millennium Port,
Trace the Sea for Prosperity
鲁晓东

浩官伍秉鉴先生 　　　　　　　　　　　　　/ 133
Howqua–Mr. Wu Bingjian
范　唯

刺桐与木棉：昙花一现与万古长虹 　　　　/ 145
Fleeting Erythrina and
Everlasting Kapok
张　弛

千年浩荡里，那一场百年跋涉 　　　　　　/ 155
The Waxes and Wanes of Canton
Thirteen Hongs–a Pregnant Glimpse
into Guangzhou, an Ancient Commercial City
陈蕴晴

番鬼亨特在广州 　　　　　　　　　　　　　/ 164
A Fanqui Hunter at Canton
黄海嫦

广州的外贸基因 　　　　　　　　　　　　　/ 172
Foreign Trade Genes Inherited in Canton
鲁晓东

回望世界经济史上的 19×× 年

1999：从西雅图到达沃斯 / 188
1999：From Seattle to Davos
鲁晓东

1973：枯竭的繁荣 / 201
1973：A Year of the Faltering Splendor
马楷颖

1952：穿越七十年的"指路明灯" / 215
1952："A Guiding Light" Through Seventy Years
张 弛

1933：道路分化和 20 世纪的岔路口 / 223
1933: Road Divergence and the Crossroads of the 20th Century
温 晴

1913：欧洲落幕 / 230
1913：Europe's Descent from the Divine Altar
王曦池

1901：变革序曲 / 237
1901：Transformation Overture
李司略

目 录

贸易中的贸易

从未走出国门的出口 / 248
The Export that Never Export
鲁晓东

贸易中的数字密码 / 266
Decoding Digital Dimensions in Trade
苏柏杨

"苹"什么贸易不能这般想象 / 277
The Trade of "Apple": Beyond Imagination
莫 洋

国人的智慧和汗水 / 290
The Domestic Value Added
in Global Value Chain
王梦令

穿越能源秘密通道的奇幻之旅 / 303
A Fantasy Journey Through
the Secret Passage of Energy
袁子芙

如果没有农业革命，人类将会怎样？

写下这些文字的是我世界经济史课堂上聪慧的同学们，
而这个系列早在2014年首次开课时就已预约。
8年后当它以如此风姿脱颖而出时，
我体会到了信念被兑付后的小欣喜。
深沉的经济史与年轻的思考在这里相遇，
激荡出灵动的弦歌，
以及渐次苏醒的思想。

为这个"小风云"系列，
我特意选了"总有人正年轻"这样一个名字。
其含义正如你所料，
这门课虽然以史为名，
但是我们真正寄予其中的是未来。
1万2000年世界经济史风云浩荡，
恰似过去留给我们的一个巨大谜面。
关于人类财富增长秘密的蛛丝马迹隐没其中，
等待年轻的他们去破解。

一本正经地胡思乱想
Thinking in a Freak Way

○文　鲁晓东

> 我们将重建一段经济史，一段没有农业革命的经济史。
>
> We will reconstruct an economic history, an economic history without an agricultural revolution.

当我们追溯现代物质文明的起点时，大多数人会把目光投射到那场发生在距今1万2000年的经济巨变上。在那个时代，人类告别了他们实践时间最长也最为稳妥的一种生存模式——狩猎与采集，开始被卷入一种后来被称为"农业革命"的混沌状态，并一路迤逦而行直到今天。

如果今天的繁华是人类无法割舍的眷恋之地的话，那么农业革命无疑是我们迈向更好生活最具决定意义的一步。

但是，并不是所有人都对这场重塑我们祖先生活的"革命"心存感念。

戴蒙德不无忧虑地说："研究农业起源的考古学家已经重建了一段严酷的历史，一段我们在人类史上造作了最大失误的历史。"这个失误扼杀了通往更加美好的"诱人福地"的一切可能。

人类学家尤瓦尔·赫拉利在《人类简史》中更是将这一段历史斥为"人类史上最大的骗局"，农业革命的本质是让更多的人以更糟糕的状态活下去。这是一场我们和动植物做的荒唐交易，这场交易不亚于"浮士德和魔鬼的勾当"，把人类推向了万劫不复的深渊。既然有这么多人不喜欢"农业革命"，为什么不干脆将它从经济史上抹掉呢？

这个看似疯狂的举动，在世界经济史的课堂上变得不再那么异想天开，因为我们有1万2000年的经济史所赋予的"上帝之眼"。从希罗多德到汤因比，大历史学家也有这种借用重构的方式来审视历史的喜好。

余世存在《人间世》中说："对历史进行假设极为重要的意义在于消解'历史必然性'。"乔尔·莫克尔在《启蒙经济》一书中提醒我们，在思考经济史时，应尽量避免陷入"后视之明谬误"（Hindsight bias）。"当我们知道发生了某一事件时，我们会倾向于认定它是不可避免的，并且会重新解读所有的先决条件，认为是它们推动结果的出现"。其最典型的表现就是"存在即合理"的思维窠臼，敢于去想，像马克思一样"怀疑一切",才有可能带你远离"成王败寇"的丛林社会。

"假如没有农业革命,人类将会怎样?"就是在这些批判精神指引下设计出来的一场重建经济史的"思维实验"。

当我打算把这一项挑战交付给一群刚刚步入经济史之门的年轻人时,我丝毫没有担心他们会有负这个让人感到匪夷所思的使命。永远不要忘了这是与元宇宙共生的一代,他们的想象力一直会给你惊喜。

在这个略带戏谑的命题里,他们恣意畅想,仿佛用铅笔的轮廓悄悄透露给我们一个关于人类经济演进的秘密故事。

理性的乐观里,密不透风的逻辑感让我们窥见了另一种积极的可能。

审慎的忧虑里,既有我们对农业革命宿命般的留恋,也有逃离现世悲苦的冲动。

无垠的怀想里,年轻思绪展现出的蓬勃想象空间让你触手可及。

● 理性的乐观(The Rational Optimism)

黄曼宁

比起农业社会,狩猎采集的生活充满着不确定性,这样的不确定性可以带给人类差异化的发展,甚至是另外的革命。

李隽

或许对于农业革命并未发生的设想，可以帮助我们回顾人类历史发展脉络，正如戴蒙德对农业革命的失误总结那样，帮助我们更好地思考和构建当下和未来的人类文明。

郝晨阳

人实在有太多能干的事了。无论在哪个时代，只要你想，总有你钻研不完的东西、欣赏不完的美，还能免除当代网络社会很多无奈的被动摄取。

张寒池

狩猎时代的创新是一种全民创新，没有了劳作规律的约束，每个人都有充分的时间思考怎样改进生活，怎样实现技术的创新。

唐子桢

假如没有农业革命，此时此刻，我们应该不会坐在松软的沙发上，而是待在阳光和暖、空气清新的树洞里。

杨佳欣

没有农业革命的人类社会将会孕育出多么粗犷、

自然而又伟大的现实主义艺术作品，这些艺术作品最强大的地方在于，它将具有生生不息的力量，引发人类一代又一代的共鸣。

张雨晨

"稳定""缓慢"与"闲暇"将是此时人类社会的生活特征。

程弋洋

4000年来，族人们的生活里一直有壁画、歌谣和星空，而巫突然觉得，这样的日子一直持续下去似乎也不坏。

● 审慎的忧虑（The Prudent Concern）

刘芷璇

没有农业的人类社会也许会产生文明，却无法产生很好的文化。

范唯

如果没有农业革命，那么农业革命便还在路上。

廖志铭

现代人已经见识到科技发展给人类生活带来的变

化，所以尽管许多人对狩猎采集的闲适生活状态心怀向往，但他们未必愿意用现在的生活去交换。

王先子

  物种的成功演化与经济、技术的进步并不意味着人类能真正从中获得幸福。

范之琳

  也不是说农业种植就完全没有颗粒无收的荒年风险，只是流沙在掌心握不住也诱人，抵抗不确定性和稳定生活的懒惰常常引人走向不可逆的未来。

余博涵

  如果没有农业革命，没有它赋予我们文明的无限可能，外部世界以及人类本身的真面目将难以为我们所知，人类文明很可能将就此止步于那个朴素无知的阶段，就像一颗没能形成燎原火势的微弱火星，最终湮灭于无尽的宇宙之中。

蔡金威

  如果没有农业革命，也许人类个体在短时间内将会拥有更高的生活幸福感、更强健的体魄。但是，当我们把目光放到更长远的将来，以及整个人类的命运时，没有农业革命，人类就像是井底之蛙，无法探寻井外宽广无垠的世界，更没有机会改变整个人类的命运。

翟恒宇

　　农业革命为人类带来的并非智慧或是幸福，而是结构。如果毁灭是不可避免的结局，那么农业革命就宣告了人类在这条道路上进行的无声的反抗与进击。即便无法改变毁灭这个事实，它也展现出了人类作为宇宙万物一份子所具有的尊严与意志。在狩猎采集社会中，人口总数、生产总值并没有显著的变化，人类的历史基本处在轮回式的运行阶段，人类的组织形态呈现出分散、混沌而又和平的特征。

● 无垠的怀想（The Boundless Dreaming）

苏柏杨

　　当人类的身体不再禁锢在一抔又一抔黄土上，思想也同时得到了解放，无垠的海域则代表着更多的可能性。

朱静萩

　　人世间的悲喜剧一直在上演，我们宛如夕阳下起舞的鸟儿，奋力追寻着未知的明日。此刻，我也想与农业革命前的人类对话，向他们讲述农业革命后的人类的经历，询问他们农业革命是否应该发生和进行。同一片苍穹下，我们仿佛在月下相互遥望，一起展望人类的未来。

帖沐祯

如果没有农业革命，我们可能便如树上的男爵，在林木间辗转腾挪。如果没有农业革命，政治组织、经济交换、城市文明、大规模战争，如此种种，都将面目全非，也许竟不复存在。

翟恒宇

如果没有农业革命，人类或许会因闲适而满足，因无知而无虑，因简单而幸福。

得到什么，失去什么？

Gains and Loses

○文　翟恒宇

> 如果没有农业革命，人类或许会因闲适而满足，因无知而无虑，因简单而幸福。
>
> Without the agricultural revolution, people would have been content with leisure, carefree with ignorance, and happy with simplicity.

让我们设想一个平行世界。在那里，出于某些自然的原因（或许平行世界的地球并无适宜大规模农业的地理条件），农业革命并没有发生和广泛传播，那么人类将何去何从？

我们不得不承认的是，生活在狩猎采集状态中的人类个体，不论是在智力上抑或是在体力上，都要优于农业状态的人类。狩猎者需要灵敏的步伐、强大的爆发力以及坚忍的耐力以应对狩猎工作；另外，由于从事非标准化的劳动，狩猎者每天需要开动脑筋去灵活应对各种不确定性、掌握多种技能；同时，狩猎者的食物来源也更加丰富，水果、肉类和蔬菜的组合为他们提供了丰富的维生素、蛋白质以及脂肪；最后，这些狩猎者将免受传染病的侵袭，因为他们掌握了炙烤食物以消除病菌的方法，而又很少大规模聚集，这就使得瘟疫难以产生并大范围传播。因此，在农业革命并未发生的平行世界中，大地上出现的或许多为身材高大、肌肉壮硕、皮肤黝黑的狩猎者，他们身披兽皮、手握刀斧。行动时，往往三五成群，多者不过数十人一组，这是他们狩猎编队的最优人数。他们也拥有大量的闲暇时间，在这些空闲中，凭借着对动植物和自然界的观察，他们在墙壁和地面上创作出了丰富又充满想象力的美术作品。如果没有农业革命，那么不同的族群之间难以爆发战争。因为狩猎采集者处在不断流动的状态中，他们随身携带的物质财富很少，对其他部落而言缺乏掠夺的诱惑；他们又广泛拥有武器、善于追踪和判断地形，这也意味着难以对他们发起必胜的袭击。不同族群之间不仅难以相互攻伐，也难以合作，因为他们的物质资料大体相似，难以互补；捕猎和采集又不需要大规模的军队，人数过多会形成负担。因此，不同部落之间更多处于互不侵扰、相安无事的状态，这样一来，狩猎采集者难以形成超大规模的族群，也就难以实现大规模的集体学习，其所产生的知识量无法满足留存和迭代的需要，系统化的文字体系也难以诞生，也就难以催生国家、律法等政治要素。在狩猎采集社会中，人口总数、生产总值并没有显著的变化，人类的历史基本处在轮回式的运行阶段，人类的组织形态呈现出分散、混沌而又和平的特征。

> 如果没有农业革命，人类会更好吗？
> 这或许本身就是伪命题："好"的标准是什么？
> Would people have been better off without the agricultural revolution? This may be a pseudo-proposition in itself: What is the standard of "better"?

如果没有农业革命，决定农业社会运作秩序的阶级制度就无从产生。狩猎采集社会也有等级秩序，但这种等级主要是以声望为基础的经验等级，而非以私有财产为基础的财富等级。经验是个人累积的，往往由氏族中德高望重者掌握，而私有财产是可继承的，它会在代际间滚雪球式地增大，从而不断固化阶级，加深人与人之间不平等的程度。在狩猎采集社会中，分享是必然的，因为打猎和采集是不确定性强的活动，而分享是确定的，人人都有运气不好的一天，都有需要接济的时候，这样一来，拒绝分享的成本就显得很高。分享构成了氏族中人与人之间的依赖关系，这种相互依赖使得每个人都有发言和表决权，不平等的现象逐渐减少了。一个令我十分好奇的问题是，如果没有农业革命，人类能否实现类似科技革命的爆炸式发展，抑或通过其他发展渠道摆脱生产力的轮回？答案或许是否定的。究其原因，或许需要先阐释农业革命—科技革命的跃升逻辑。我与戴蒙德的看法比较一致：我认为科技革命承农业革命的制度要求，其动因是利用自利的人性，督促人类打破现状、扩大积累、提升力量。而农业革命又承自气候变化：地球上所有的生命都是碳基生物体，碳基生命的生存必须依赖自然界的碳循环，也就是以呼吸、进食为主要手段的化学反应，因此人类必须依赖自然界的物质条件谋生存和发展。气候变暖使得新月地区和大河流域孕育了肥沃的土壤和一年生草本植物，这使得农耕能够养活更多的人口，农业的生产方式变得更加可持续。在我们假设的平行世界中，由于缺乏自然条件，狩猎采集社会缺乏发展农业的动因，因此难以孕育出科技革命。人类又能否不通过农业革命而是从其他渠道实现发展？我认为这同样取决于自然条件的变化：如果气候过度变暖，地球汪洋一片，或许人类会进化出鳃并转入水下生活，海洋用 xyz 轴衡量的三维空间远比陆地广阔得多，水中生存的人类或许会发展出远超我们想象的科技和成就；如果气候在短期内变化无常，或许人类会像三体人一样获得脱水的技能。又或许平行世界的"人类"是硅基生命或意识形态生命体，其生存和发展并不需要依赖自然环境。宇宙的生命形态无穷无尽，又或许人类是漫漫星海中生命的孤岛。这个世界过于神秘，我难以参透。但我认为，在已知的自然条件和生命形式下，人类提高生产力的途径就只有走农业革命—科技革命的道路。

● 农业革命与工业革命

对我来说，另外一个重要的问题是，如果没有农业革命，人类会更好吗？事实上，这个问题或许本身就是伪命题，"好"的标准是什么？生产力？幸福感？基因的复制量？如果从生产力的角度衡量，答案毋庸置疑：人类不仅更好了，而且在短时间内变好了数百倍，因为人类现在的物质生产力相比狩猎采集时代提升了不止数百倍，人类的平均能源消耗量也远非狩猎采集时代的人类所能及。如果用幸福感衡量（事实上幸福感本身就是模糊的概念，我们该如何衡量幸福感？或许可以将人的一生分为相等的时间段，加总不同时间段内大脑皮层分泌多巴胺的总和），似乎就难以妄下定论。《人类简史》从另外一种角度考虑农业革命带给人类的影响，认为小麦、家禽、特权阶级操控了普罗大众。确实，大部分下层阶级在农业革命后变得更加辛劳和困苦，世界由于开放而逐渐形成贫富人群的落差，而对比足以使得一部分人陷入绝望的处境，大规模的战争和瘟疫肆虐，污染等环境问题日益突出……如果没有农业革命，人类或许会因闲适而满足，因无知而无虑，因简单而幸福。如此看来，幸福感并不因农业革命而增长或显著提高。从基因的复制量来衡量，毫无疑问人类的总数以几何式增长了，可与此同时，家禽的数量也以更夸张的倍数增加了，我们可以说它们比以往更好了吗？当我们比较北欧与印度的时候，我们能说印度更胜一筹吗？另外，农业革命使人类的基因得到广泛传播，那我们是否可以说科技革命使得电脑芯片和零件的数量大幅增长，那么或许机器才是演化最成功的生命？毕竟我们不清楚机器是否会在未来被赋予生命，产生自我意识。或许一个比较好的衡量方法，是把所有存在可收集数据的变量集合在一起，加权成一个"文明优劣指标"，并以此来判断狩猎采集文明与农业文明的优劣。

然而，我想从另一种角度谈谈农业社会与狩猎采集社会之区分：从集体—个人的角度。目前我们已知的大多数物质都是由微观层面的分子组成，但单个分子并不能够反映物质的特性。同样的，量子力学、牛顿力学、相对论分别反映了物体在微观、中观、宏观方面的性质。这也就是说，一件事物在不同层面上的特性是层层展开的，集体和个体的人类所展现出的特征往往不尽相同。在我看来，狩猎采集社会的人类处在一种混沌而又平和的状态，尽管他们也有部落和权力系统，也有文艺和智慧创造，但个体的人类与集体的人类所展现出的特质并没有很大的差异。而农业革命为人类带来的并非智慧或是幸福，而是结构。自农业革命以后，人类构建了秩序、货币、文字与国家系统，个体的人类和集体的人类由此被区分开来。个体的人或许是短暂的、脆弱的、不堪一击的，但是没有人会轻视集体的力量、思想和智慧。结构化的集体可以使1.49亿平方公里的陆地焕然一新，可以创造悠久的历史和文化，可上九天揽月，可下五洋捉鳖。这些成就在任何一个个体看来都是天方夜谭，然而一个组织良好、结构明确的集体却可以做到。

> 从生产力的角度来看,农业革命不仅使人类更"好",且在短时间内好了数百倍——当前的物质生产力远非狩猎采集时代的人类所能及。
>
> 从幸福的角度来看,农业革命带来贫富悬殊、阶级固化、环境污染、大规模的战争和肆虐的瘟疫……
>
> As for productivity, the agricultural revolution not only made mankind better, but also made it hundreds of times better in a short period of time – the current material productivity is far beyond the hunter-gatherer.
>
> As for happiness, the agricultural revolution brought disparity between rich and poor, class solidification, environmental pollution, mass warfare and plague ...

热力学第二定律认为:在孤立系统内,任何变化不可能导致熵的减少。事实上,随着时间的推移,地球的内核会慢慢冷却,地球自转的速度也在逐渐降低,恒星会随着时间的推移变得越来越亮,最终恒星核心的燃料会被消耗一空,核聚变反应停止,恒星将变得暗淡无光。虽然宇宙的结局注定是混沌无序,但在这个过程中,农业革命却短暂地使人类从这种绝望中抽离出来,构建出秩序和结构(如果把人类社会看作一个孤立的系统)。

● **熵增定义**

如果毁灭是不可避免的结局,那么农业革命就宣告了人类

> 然而，在这趋向无序的"熵增"世界中，已有的农业革命却构建出秩序和结构。如果混沌是自然定律，那么农业革命就是人类在这条道路上进行的无声的反抗与进击——即使无法改变结局，人类也已然展现出作为宇宙万物一份子所具有的尊严与意志。
>
> However, in this "entropy-increasing" world, which tends to be disorderly, the agricultural revolution has created order and structure. If chaos is the law of nature, then the agricultural revolution is the silent resistance and advancement of human beings on this path – even if it cannot change the fate, human beings have shown their dignity and willfulness as a part of the universe.

在这条道路上进行的无声的反抗与进击。即使无法改变毁灭这个事实，它也展现出了人类作为宇宙万物一份子具有的尊严与意志。

平行时空：慢下来的秩序和繁荣

The Order and Prosperity in a Parallel Slowing World

○文 刘成

> 　　没有农业革命稳定的食物能量供给，人类的器官和节律会为之改变——生长代谢减慢，甚至发展出冬眠习性；繁殖周期拉长，怀孕时间更久以保证能量积累。
>
> 　　Without the steady supply of food and energy from the agricultural revolution, human organs and rhythms would have changed – metabolism would have slowed down, and even hibernation habits would have developed; reproductive cycles would have been lengthened, pregnancies would have lasted longer to ensure energy accumulation.

历史上的农业革命使人类的生活方式从狩猎采集转变为饲养种植，这是人类文明进程中的重要一步。回溯历史，全球各地的人们在农业革命后各自建立起依托当地农业发展状况的经济、制度和文化体系，人们的生活方式也围绕不同的农业生产类型产生了巨大变化。在农业发展的基础上，人类迎来了工业革命，世界再一次发生了显著改变，直到成为我们现在熟知的样貌。似乎当今世界的一切都建立在农业革命的基础之上，而如果农业革命没有发生，在过去的1万多年里人类都过着狩猎采集的生活，世界必然会有另一种样貌。

● 何以为食？何以为家？

资源相对人口的稀缺性是促使农业革命发生的重要动因，但是，当狩猎采集获取的食物无法满足日益增长的人口的需要时，除驯化以外，人类或许还有其他的选择。

一方面，从其他动物演化发展的历史来看，人类的体质和习性也会为了适应环境而发生变化甚至进化。迫于饥饿，人类会探索出越来越多可供食用的事物，包括泥土、沙石、贝壳、珊瑚，甚至生物的排泄物等。人类的部分消化和排泄器官也会随之改变，维持生命活动所必需的食物量可能会下降，在食物尤其匮乏的季节也会采取一些生存策略以减少所需要的能量，如冬眠等。人类的繁殖也可能因为日常食物和生活环境的改变而发生变化，如怀孕周期变长以充分积累能量，只在固定的食物充足的季节发情等，最终使人类的繁衍速度维持在资源足以供给的水平。

> 没有农业革命，世界将是另一种样子。"慢下来！慢下来！"人们如今呼喊的，或许会是那个世界的常态。
>
> Without the agricultural revolution, the world would be totally different. "Slow down! Slow down!" What people are appealing today would probably be the norm in that world.

另一方面，从人类具有的巨大脑容量和高智商的角度出发，人类也能够通过建立起一系列的制度来提高狩猎采集的效率和实现可持续发展。人类会从日常的观察和学习中了解作为食物来源的生物的相关知识并定居下来，有更丰富知识的人会因为其对群体的贡献以及拥有的更多食物而受到部落其他人的尊重，进而使群体发生阶级分化，建立起权力中心。领导者或统治者会从集体的角度出发，为了保证长期稳定的发展建立起一系列制度措施，如不能捕杀未成年的动物、只能用粗网捕鱼等，违者将会受到惩罚，计划生育和有效的避孕措施也会被实施以控制人口的增长。拥有完善制度的组织将吸引周边的人前来定居，从而形成聚落。

综合来看，通过拓宽供给、减少需求、提高效率，人类依旧可以在相对较长的时期内获取较为稳定的食物来源，同时从居无定所向定居转变。

● 没有牛郎织女，仍有哥伦布

错过农业革命可能会使人类的生理特征和生活习性发生显著变化，但智慧的大脑仍然保证了人类可以定居，建立有效率和可持续的组织形式，发展出充满想象力和创造性的早期文明。由于没有农业，也没有农耕工具革新带来的显著技术进步，人类的发展速度会十分缓慢，改造自然的能力较弱。

在漫长的历史时期里，人类会小规模地聚居在一个食物来源较为丰富、交通便利，且有天然屏障的聚落里，聚落中有严格的政治等级，聚落中的绝大多数人都需要每天外出狩猎和采集。为了实现长久稳定的发展，每次外出只能带回有限数量的食物以满足基本需求和应对突发危机。

狩猎采集者的闲暇时间会很多，从而能够创造出更丰富的文化成果，如绘画、音乐、诗歌等，对发饰、妆容、服装等也会有更多元化的需求。聚落中的统治阶级人数极少（少于农业革命后的奴隶社会），仅包括世袭的首领、德高望重且具有丰富狩猎知识的智囊团以及和宗教相关的巫师等，下层的狩猎采集阶级可能通过考核跃升为统治阶级。

随着聚落的缓慢发展，邻近的各聚落之间也会交流融合，从而在一些较为空旷平坦的地区（如美索不达米亚平原、尼罗河流域、黄河中下游地区等）形成有一定规模的政权组织。在聚落间彼此交流的过程中，各地区天然物产的差异性也会带来跨境贸易的需求，催生货币和商品经济。为了寻求更多的财富，当技术条件成熟时人们也会进行远洋贸易，对海洋进行深度开发，散居全球各地的人最终都会相遇，只不过地理大发现出现的时间会远远晚于有农业革命时的情况。

总体上说，农业革命就像给人类文明进程按下了倍速键。当农业革命始终不发生时，"日出而作，日入而息，你耕田来我织布"的农业社会场景不会再出现，但只要有制度以保障资源的可持续供应，人类依然可以在技术和文化上取得重大成就，商业贸易也会最终发生，各地区人类的联系也将日益紧密。

> 没有经历农业革命的人类会从观察中学习狩猎知识，有更丰富知识的人因此获得领导力。他们建立规则，周边的人被吸引前来定居，形成聚落。邻近聚落间的物产差异带来贸易需求，催生货币和商品经济。
>
> Humans who did not experience the agricultural revolution would learn about hunting from observation, and those with more knowledge would thus gain leadership. They would establish rules to attract neighboring people to settle and form settlements. Differences in products between neighboring settlements would create a demand for trade, money and commercial economy.

● **我们还能听到机器的轰鸣和键盘的敲击声吗？**

根据之前的分析，错过农业革命的人类可能通过自身体质的转变和制度的保障而继续在狩猎采集的模式中生存下来，但是，人口规模增长会十分缓慢，专业化和分工程度也很低。在此背景下，工业革命和之后的信息革命或许都不再会发生。与农业革命类似，也可从需求和供给两个角度分析工业革命和信息革命发生的动因。

从需求上看，当人口数量始终维持在较低水平，而资源又被可持续地合理开发时，人类完全可以通过简单的狩猎采集实现自给自足，对资源的需求不会超过其供给量，也就不会产生对技术革新的强烈需求。当今世界某些仍处在狩猎采集阶段的原始部落都早已探索出与自然和谐共生之道，长久地保证可再生的资源能够满足部落居民的需求，因而他们也没有使用高强动力机械的需要，也不会有使用计算机完成精密快速的运算的需求。

> 不可否认，农业革命给文明按下倍速键——错过它，改造自然能力大大降低的人类不再能享受今天的方便快捷，但彼时人们也可以在平行世界享受朴素简单的快乐和满足。
>
> It is undeniable that the agricultural revolution acted as a multiplier for civilization – missing it, human beings, whose ability to transform nature was greatly limited, would not be able to enjoy the convenience and prosperity of today. However, they might still find simple pleasures and satisfaction in a parallel world.

● **工业革命旧照**

从供给上看，狩猎采集无法为人类提供稳定、大规模的单一产品，如足以供给棉纺织业使用的棉花等，因此大规模的手工业也很难发展起来，也就无法为纺织机器或其他手工业部门机器提供必要的基础性技术经验和知识。另外，大多数人仍旧需要从事日常的狩猎采集工作，难以从中分离出来从事需要集体力量的采煤和挖矿工作，也就无法为机器运转提供基本的动力来源，更不可能进行更系统化的科学研究，工业革命和信息革命都不会发生。

综上所述，错过农业革命以后，人类改造自然的能力将远低于发生农业革命的情况，但人类依然可以发挥有限的智慧，如建立与自然和谐共生的制度体系和组织形式等，来保证长久稳定的生存和繁衍。我们或许不再能够享受今天习以为常的方便快捷和高效率，但也有可能，我们会在那个平行时空享受朴素和谐、简单纯粹的快乐和满足。

不会到来的时代,最好的时代

It was the Best of Times

○文 程弋洋

> 那是寸土寸金永远不会到来的时代,钟表上的指针尚且只有一根。
>
> The days when scarcity is ubiquitous will never arrive, and there is still only one hand on the clock.

● 使命 卷轴 发明

巫被渡鸦的叫声吵醒了。距离他执行自己的逃跑计划还有不到24小时。

父亲已经离开,大概是要筹备下午的祭祀。按照惯例,出发之前,部落的男人和女人们需要备好足够的食物,此时他们也都离开了营地。今天的早餐是营地附近树林里的两种红色果实,采集的女人们不知道它的名字,但巫确信自己可以在古老的卷轴上找到。

巫和父亲是部落里唯二可以读懂卷轴的人——阅读卷轴,书写卷轴,在需要时为部落的人们提供卷轴上的指引就是他们一生的工作。

巫并不喜欢这个特别的使命,他渴望和部落里的其他年轻人一样奔跑,追逐、狩猎狡猾的野兔。但或许是祖祖辈辈都履行这一使命的缘故,他和父亲是整个部落中最矮小、最瘦弱的存在。部落里其他孩子的四肢比他更修长,行进速度也更快,他还曾因为无法从一棵树跳跃到另一棵树上而遭到女孩们的耻笑。不过此刻巫的心情不错,他在房间向阳的一角翻开古老兽皮制成的卷轴。"在逃离部落之前,可以尽可能再多看一点。"他心想。

"在渡鸦之神创造世界的1500年后,部落的第四十二代巫用藤和岩石发明了履,族人行进的速度因此提高;创世2000年,部落偶然发现了用松油快速获取并携带火的办法;创世2300年,连射弩箭和打磨过的弯刀使得狩猎一只棕熊只需要三个人……从玄雀氏族处交换得到了可以在林间快速移动的混合藤蔓技术……"

巫用手指捻着卷轴上脱落的细屑,神创世4000年了,除了能跑得更快、跳得更高,狩猎愈发安全,族人的生活并没有发生任何的变化。指尖在卷轴上滑动,流逝的仿佛不是时间,而是一代又一代的渡鸦子民们。然而,族人们并不会对千年来一成不变的生活感到忧愁，他们看不懂这些古老而又孤独的文字。

"今晚一定在出发的路上离开。"巫再次下定了决心。星象图、兽皮帐篷、行路履，他已经为脱离族人的生活做好了万全的准备。寻找一个水草丰美的地方一个人生活，永远脱离渡鸦氏族乏味的循环。

"巫！快来，有人被火烫伤了！"屋外有声音吼叫。

侧柏叶和槐树露蜂房，放在架子第三层的右侧，巫熟练地抓出草药冲了出去——读懂晦涩的草药配方、治疗族人也是他和父亲的工作之一。

● 祭奠　长老　分享

残阳如血，渡鸦的叫声在暮色里彼此呼应，距离他执行自己的逃跑计划还有2个小时。

在聚落的中心，族人们点燃火把，并将火把按照事先排布好的顺序逐个摆放。昆西长老正在搭好的祭坛上与巫的父亲交流，长老已经戴上了彰显他身份的渡鸦面具，头顶黑色的羽毛在风中飘扬。巫的目光聚焦在面具镶嵌的橄榄石上，火焰的光芒在跳动。根据卷轴的记载，这是2000年前部落在迁徙途中经过的火山附近拾得的。昆西长老非常喜欢这一枚绿色的宝石——这也是他唯一拥有的与众不同之物。渡鸦之神创世之时，为众生灵立下了规矩，在采集和狩猎时族人不得过度囤积。因为所有的食物被即时消耗，所以部落之内很少出现交换。所有人都会被一视同仁地对待并被分配基本相同的东西。当然，老人和孩子时常会得到特殊的照顾，通过观察，巫猜测这是因为渡鸦原本也有照顾雏鸟和反哺父母的习惯。

地平线吞没半个太阳的时刻，父亲开始大声念叨古老的咒文。呢喃声中，族人们神色肃穆。祷告完毕，父亲毕恭毕敬地取来火把，点燃了用稻草编织而成的人偶。巫下意识打了一个寒战，只有他和父亲知道，不久之前，被点燃的还是活人的躯干——900年前，20支部落在妖精出没的湖泊签订了和平条约，详细约定了迁徙行走的路线。那之后，不同子民们的脚印在相同的道路上越踩越深，再也没有了战争，自然也不再有用以祭祀的战俘。

仪式结束，族人们开始打点行李。一幢幢房屋迅速变成了快速折叠的屋顶和可以收缩的墙壁，巫知道，不出半个小时，这个忙碌的村落就会变成一片空无一物的平地。瘦弱的巫不需要参与这场"扫除"，他本想在一旁安静地想一想今晚的逃离计划，却发现自己已经被叽叽喳喳的孩子们围住，他们吵着嚷着想要听故事。巫在崇拜的眼神中席地坐下，眯着眼。

"……这个渡鸦创造的世界还没有光，也没有水和食物……一天，渡鸦踏上了寻水之旅。他听说一个名叫加纳克的男人拥有一眼不断喷涌的泉水。渡鸦一心想要得到泉水，但泉水在加纳克家里，而且他总是盖住泉眼，睡在旁边。渡鸦想将他引开，可那男人很聪明，就是不上当……渡鸦喝干了泉，飞走了。飞了一会儿，他吐出第一口水，创造了尼斯河……"

远处传来的号角声无情地打断了巫的讲述。该上路了。

● 壁画 歌谣 星空

渡鸦羽毛的颜色逐渐融化在天空中,巫攥紧自己的行囊,他的逃跑计划随时可以执行。

巫很快迎来了自己的第一个机会。族人们正在穿越山洞,山洞狭窄,大家点燃火把,鱼贯而入,巫走在最后,假装欣赏着壁画,刻意放慢脚步。900年前,就有族人在这里的石壁上作画,雌黄、孔雀石、青金石等矿物的粉末在火把的映衬下散发着神秘的光芒。壁画里记录着族人的生活:健壮的男人们通过追逐鹿来比较速度;少女们面带微笑,寻找着林间最美丽的花;夏日萤火虫飞舞的时候,所有人在草地上翩翩起舞,庆祝渡鸦之神创造万物……这些都是日常场景,巫提不起兴趣——直到他看到了石壁上的那抹蓝色。

巫只在卷轴上看到过海。"……那是世界上最美丽的宝石,有一天,一头跟高山一样大的鲸鱼浮上宁静的海面,张开巨大的嘴,恣意汲取晴朗天空下的气息。就在这时,远处忽然来了一只渡鸦,飞进了鲸鱼的大嘴巴……"壁画上的蓝深邃、神秘,像雪豹的眼睛。画中的族人们是在海边祈祷吗?抑或是在举行某种仪式?"竟有我也不了解的历史。"巫陷入了沉思,或许族人的迁徙路线中是有经过海边的?族里的老人们是否见过这美丽的景象?或许自己应该再去问问父亲,巫边走边想,眼前的视野逐渐开阔起来,山洞已至尽头。第一个离开的机会就这样错过了。

巫又迎来了自己的第二个机会。翻越山坡的时候，他悄悄地和队伍拉开了一段距离。夜色渐深，一股凉意从地上涌现，距离今天的落脚点应该已经不远了。巫索性停下了脚步，望着火把汇成的火龙离他越来越远，越来越远——他听见了歌声。是族长带的头吗？族人们唱起了古老的歌谣。"春风中寻找圆润的鹅卵石，秋风中奔跑在干枯的原野上。"族人的生活随歌声揉碎在空气中，在寂静山谷里不断晕开……接着是男人和女人的二重唱，男声雄浑，女声婉转，在如水的夜里盘旋上升。巫有些被歌声感动，为了不让泪水流落，他抬起了头。

然后，他看到了星空。

几千亿颗星静静躺在湛蓝的天空之中，银河，仿佛一条通路，指向族人前进的方向。虽然比不上太阳的辉煌，也比不上月亮的清澈，但星空梦幻般的光，把大地变得奇异，给巫带来很多美好的梦想。此起彼伏的歌声里，巫的目光穿透了时间，他看到勇武的族长举起武器，年迈的祭司开始祷告，老成的猎手拉开弓箭，天真的匠人磨好颜料……

银河之下，歌声之中，愣在原地的巫突然发现自己有一点喜欢部落的生活了，甚至自己一直讨厌的阅读卷轴的工作也没有那么乏味了。"你在干什么？赶紧跟上！"远处传来了叫喊声，父亲已经发现了落在最后的他。巫犹豫了一下，应了一声，快步跟了上来——逃跑计划看来要暂时搁置了。

4000年来，族人们的生活里一直有壁画、歌谣和星空，而

> 银河之下,歌声之中,巫突然发现自己有一点喜欢部落的生活了,甚至自己一直讨厌的阅读卷轴的工作也没有那么乏味了。4000年来,族人们的生活里一直有壁画、歌谣和星空,这样的日子,一直持续下去似乎也不坏。
>
> Under the Galaxy, amidst the songs, Woo suddenly found himself enjoying the life of the tribe a little, and even the work of reading scrolls, which he had always hated, was not so tedious. For four thousand years, the tribe's life had been filled with murals, songs and starry skies, and it didn't seem bad to keep going on like this.

巫突然觉得,这样的日子一直持续下去似乎也不坏。

那是寸土寸金永远不会到来的时代,钟表上的指针尚且只有一根。

海洋的世界，自由的世界

The World of the Ocean, The World of Freedom

○文　苏柏杨

> 是诗意美好的生活、自由的跨岛贸易、包罗万象的文明，还是饱饥交替的日子、无可避免的阶级鸿沟、崇尚暴力的文化？
>
> Would it be a poetic and beautiful life, free inter-island trade, and an all-encompassing civilization, or a day of alternating hunger and satiety, an inevitable class gap, and a culture of violence?

"Find them! All those new lands, new villages ... It was the water that connected them all."

迪士尼的《海洋奇缘》，为我们铺开了波利尼西亚人的岛屿生活图景：椰树林、环礁湖、独木舟与浩瀚无垠的海洋……假如18世纪的库克船长没有来过这里，南太平洋上星罗棋布的岛屿或许会一直保留农业革命前的样子，最大程度地满足我们对于狩猎采集者日常生活的诗意想象。在这样的世界里，热爱冒险、黝黑而充满活力的莫阿娜，会是杰出青年的标杆。

我们不妨大胆设想，假如冰期结束，随之而来的是更高的温度以及大幅上升的海平面，或许我们引以为傲的农业革命将不会出现。而以捕鱼为生的狩猎生活成为人们生活的主线——谁能在海洋中更高效地获取食物资源，谁就抢占了"海洋革命"发展的先机。伴随着捕捞技术的革新，采集者们不再为食物的获取而发愁。同时多元、自由的文化，在人们不断探索新岛屿的过程中萌生，并发展壮大。

> 1916年，毛姆来到南太平洋的小岛上旅行，挖掘出了一整片世外桃源：充满异域风情的热带景观、美丽单纯的萨摩亚姑娘、亘古不变的自然生活……一切的一切，宛如伊甸园般美好。
>
> In 1916, Maugham traveled to a small island in the South Pacific and discovered a paradise: exotic tropical scenery, the beautiful and innocent Samoan girls, a steady natural life ... everything, just like the Garden of Eden.

最初，岛屿生活的日常由造船、织网、渔猎组成。

假如爱丽丝钻进树洞，来到海洋革命发生之前的平行世界,她看到的或许是这样一番景象:小岛的男人们裹着帕里奥,赤着脚,健壮的身体被阳光晒成深褐色,几个人正合力敲敲打打,制造独木舟;在一簇簇的茅屋前,女孩子们正在跟随阿嬷学习棕榈树皮的编织技艺,头顶的白色花环纯洁无瑕,手腕上、脖颈上,贝壳撞击的声响叮叮当当;更小一点的小男孩刚刚结束了上午的捕捞课程,三两下就将手中的帕里奥绕成了一条泳裤,笑着、奔跑着、大叫着奔入清凉的海水。道路两旁,满是高大的椰子树和芬芳浓郁的香子兰,芒果树上结满了红、黄、紫色的果实,在阳光的照射下显得娇艳欲滴。

夜晚,青年男女在火光摇曳下对视着跳起哈卡舞;一群孩子坐在篝火边,饶有兴致地听老人讲述传说中远洋航行的故事,渐渐的,眼皮耷拉下去,睡着了,火光在他们的睫毛上一闪一闪。渐渐只剩海浪声、树叶摩挲声和几声犬吠。

但是,饱食与饥饿的日子交替而至。

有时渔猎受到上天的眷顾,金枪鱼、鳐鱼、甲壳类堆满船舱;运气不好时,岛民只能用树山的果实和耕种的芋头、山药充饥,偶尔杀几只以前捕获的动物。岛民艾比带着两条小小的鱼回家,看到迎接他的孩子们闪亮亮的眼睛时,总是面露愁色。

被饥饿感拽醒的又一天夜里,艾比开始思考,有没有可能制造出更强大的捕鱼器,打磨出更坚实的船只,从而摆脱现在半饥半饱的生活。数个不寐的夜晚后,艾比终于成功改进了粗制渔网,金属扣环在篝火的映照下闪着亮光。

渐渐的，艾比家里不仅不缺粮食，还总能有多余的分出去。后来，许多岛民开始用木块和艾比交换食物，更机灵的则模仿艾比做了更精致的渔网。除非极端天气降临，岛民们很少再担心饿肚子的事情——艾比将打鱼的事情交给孩子们，自己专心做起了改进船只的工作。一些家中宽裕的岛民开始专职售卖精致渔网，或是从事星象和天文的研究工作。

岛上的人口越来越多了。

虽然食物依旧充足，但在人口与家庭增长后，土地明显不够分了。那些听故事的孩子们也已经长成了健壮的年轻人，跨越海洋去寻觅新住处的想法在他们的脑海里愈演愈烈。

有时候，年轻人一出海便再没有了音讯。

或许他们到达了另一个岛屿，或许葬身大海。

终于有一天，一张熟悉的脸庞回到了岛上，孩子们簇拥上去，摸着他身上触感陌生的粗布，问他手里的珍珠为何物。他说，他如今居住的岛屿上，有很多这样闪闪发亮的珍珠。从这天起，跨岛的贸易、迁徙开始缓慢地发展起来，捕捞与船只建造技术的进步使得岛民拓展了出行海域；盐的使用延长了食物的保存时间，各类矿藏的开发推进了货币、兵器等的发明与制造。

海洋革命的背后，仍然是人类有东西吃、有地方住的基本需求。至于小岛上为什么没有农业革命的发生，与地理环境因素紧密相关。

一方面，岛屿的环境确实不适合农业种植。淡水的缺乏、山地土壤的贫瘠和海水盐碱化的叠加，让农业成为一个耗费资源又劳心劳力的选择。而且在岛屿人口逐渐增加的背景下，"刀耕火种"技术不断消耗土壤，给种植带来巨大的负荷。数年耕作后，耕地养分大量流失而变得贫瘠。被迫地，人类只能将农业生产的作物视为食物的补充来源，而非主要来源。

另一方面，当小岛资源不足时，人类还可以选择继续迁徙。在资源尚丰富之时，富集的食物资源意味着社会等级制度的发展——当部分人口可以不从事捕捞活动时，阶级便开始分化。而在后续资源不足的情况下，分配的不公将进一步导致阶级鸿沟的加深。尤其是那些不属于强势宗族的年轻一代，总想找到属于自己的领土，他们不断探寻新的岛屿，哪怕跨越重洋，冒着赴死的风险。

同时，海洋革命下的人类文明，对自由的向往比农业革命下定居的人们更为强烈。其中，研究捕捞技术、星象与洋流的科学家、商人和探险家们在海洋革命的过程中起到了非常重要的作用，他们对资源、权力与未知的渴求，继续推动着海洋革命的进行。在这样的想象下，或许部分文明会发展出与古希腊相似的文明：自由多元而包罗万象，政治上没有统一的政体，学科上百花齐放，贸易繁荣昌盛。

当然，资源匮乏的岛屿可能是另一番景象。

他们更加崇尚物竞天择的文化——勇士伦理，即勇敢、暴力、复仇和荣誉。缺乏资源的岛民，造出了结实的船只后不选择经商，而是做起海盗的勾当：就像8世纪的维京人一样，烧杀抢掠，无恶不作。这些地区硝烟不断，家族斗争、武装冲突就和捕鱼一样稀松平常，流血杀戮不过眨眼之间。海盗的势力慢慢渗入了某些族群，对几个到几十个不等的岛屿进行暴力统治——但通常，这样的事情不会波及非常远的海域。岛礁的管理不像陆地的管理一样易于持续，伴随农业革命而来的集权统治，也不会出现。

只是，海洋革命带来的生产效率的提高，比起农业革命要小得多——在本质上，人类仍然没有从食物采集者变成食物生产者。尽管零星区域冒出了驯化作物的火花，但不成气候，无法被称为革命。

不萌发农业革命，也未必是一件坏事。

当人类的身体不再禁锢在一抔又一抔黄土上，思想同时得到了解放，无垠的海域则代表着更多的可能性。正如法国经济学家雅克·阿塔利所说："海洋使人类懂得欣赏自由的崇高，沉醉在自由之中，也懂得失去自由是一场悲剧。"

岛屿生活是否真有我们想象的如此淳朴和美好，我们不得而知。只是在自然资源有限的前提下，资源争夺依然会存在，不会因为没有发生大规模的农业革命而终止。当海洋革命结束——捕捞技术发展至顶峰，岛屿都被人类探索殆尽，人类不再发生大规模的迁徙时，人类社会或许仍然会落入"变相的"马尔萨斯陷阱：人口超出了海洋资源可以承载的极限，人类又会面临一次灭顶之灾。

"人一旦发育出灵魂，他便失去了失乐园。"

这是毛姆在短篇小说集《叶之震颤》中发出的一声叹息：人类在不断追求进步、成功与荣华富贵的过程中，逐渐遗忘了美好而原始的生活的模样。在《爱德华·巴纳德的堕落》一文里，不拼搏的人更是被贴上了堕落的标签——主角爱德华出生在繁华的芝加哥，他原是为了"闯出一番事业"来到南太平洋的塔希提岛，却逐渐爱上岛上日出而作、日落而息的淳朴生活，放弃了再回故乡的想法。这一切行径都被他的昔日好友贝特曼视为滑稽、堕落、不可理喻。

或许我们作为经历过农业革命的贝特曼，作为食物生产者，无法再去想象食物采集者安于现状的乐趣。只是有那么一种可能性：在没有发展出农业革命的世界，或许会有更轻松的生活、更开放的思想和更多元的文明。

当然，这一切的前提都是"假如"，农业革命幸存者的帆影最终还是会在某条海岸线上升起……

离开还是不离开，这是一个问题
To Leave, or Not to Leave, That is the Question

○文 姚晚洵

> 它是一种选择，但它并不是一个选择的过程。
> It is a choice, but it is not a process of choice.

在21世纪的今天，每日徜徉在信息化、科技化海洋中的"后现代"人类似乎总是觉得农业社会是一个遥远的时代。可狂妄自大的文明缔造者必然要在宏远悠久的历史前低下他们骄傲的头颅，漫长的接近1万年的农业文明在长达300万年的"没有选择农业"的时代面前犹如撼树的蚍蜉。

时间是衡量生命的刻度，可时间不是衡量增长、发展与进步的刻度。

"农业文明时代"作为蚍蜉是否撼动了300万年的大树呢？我们不能将"进入农业社会"的重要决定比喻成"打开潘多拉的魔盒"，我们同样也不能说农业文明是人类的"诺亚方舟"。

它是一种选择，但它并不是一个选择的过程。

如果采集狩猎的人类站在300万年和1万年的交界之处，他们按下了"继续"去延续这悠长的神话，那么之后的1万年，所谓的"智人"将会立于整个地球的哪个位置呢？

● 人口："被缚的"普罗米修斯

在人类的起源上，各大文明的神话传说各显神通。我们无从揣测生活于采集狩猎社会的人类如何设想自身的来源，对于他们而言，如何在密林棘丛中躲避野兽的袭击并获取足够的食物生存下来才是至关重要的事情。

在北美洲，以猎鹿为生的拉布拉多纳斯卡皮人的人口密度只有每平方公里0.3人以下。维持采集社会基本生存需要的基础是极低水平的人口数量和人口密度。世代繁衍导致人口不断增加，人们不断迁徙，不断发现新的森林、土地，不断寻找新的资源。

假设终有一天，所有适宜居住之处都挤满了人，而资源却是有限的，那么我们古老的祖先便将面临两种选择：发挥主观能动性种植粮食，或被动或主动地减少人口。

采集狩猎时代居无定所的生活客观地造成人口死亡率居

高不下，与此同时，作为采集主力军的妇女为了生存需要选择孕育较少的婴孩。在那道德伦理的荒原时代，杀婴之举自然不被视为"丧尽天良"的行为——毕竟当时的人类并不一定认可"天"的力量。为了维持采集狩猎下的基本生存需要，人类或主观或客观地控制了自身人口的增长。虽然很难想象，但是可以在脑海中演绎，假设我们生活在延续至今的狩猎采集时代，步行10公里可能都不会遇见一个人。

> 人类历经刀耕火种时代的世代繁衍，人口不断增加。面对有限的资源，我们古老的祖先停下了迁徙的脚步，选择留在脚下这片土地上，发挥主观能动性种植粮食，进入农业社会。
>
> After generations of slash-and-burn agriculture, with a growing population and limited resources, our ancient ancestors stopped migrating and chose to stay on the land where they lived, using their initiative to grow food and enter an agricultural society.

古希腊神话中，普罗米修斯用黏土造人。如果没有进入农业社会，人类会自动延缓或者说是阻止人口的不断增长，这何尝不是另一种形式的"被缚的"普罗米修斯？

● **生活就像一盒巧克力**

可能我们采集狩猎时代的祖先们并不相信所谓"天意"，但是事实上他们可能确实在"靠天吃饭"。不得不提及的是，在远古时期，采集者便已经掌握了部分植物特性，而狩猎者也对动物习性有了相对成熟的了解，这从哥贝克力遗迹的雕刻图像中可以大略揣测出。即便如此，我们能够在一定的时间、一定的地点或是一定的条件下获得食物，却基本上无法抵御天灾的突袭。从进化论的角度思考，为了能够在突然降临的天灾之下生存，也许是为了变得更加有力量，人类或许可以拥有更加健壮的身体，就像生存于相对原始环境中的非洲人在肌肉力量和体格上都优于长期食用精细化食品的亚洲人。

人类的文明或许走向另一种现实可能，探索自然、发现自然的奥秘以应对风险和危机，而不是更加倾向于信奉神明。在永远不知道下一块巧克力是什么的时候，危机感或许使人类更加关注自我，而疏于道德的管制，更不必说法制的出现。

说到"关注自我"，人们只需要获得自己所需的食物即可，并不需要负担家庭或者集体的需要，而在食物种类丰富且易得的条件之下，社会分工仅仅是小范围的、小规模的。人们在被现在所普遍认可的"集体"中生活，但是比农业社会更强调个体精神和个体存在。

当然，这一切只是一种猜测，一个从农业社会发展而来的"社会人"的猜测。换一种思路而言，猎取动物所需的协作力量似乎是庞大的。假设人们猎取了一头野猪，那么如何进行食物的分配呢？不论是力量决定地位，还是智慧决定地位，不平等的食物分割依然会出现。那么不断演化下去，在人类自私基因的驱使下，阶级依旧会出现。但由于地广人稀，广泛且统一的具有"国家"属性的概念可能很晚才会出现。

数量较多、平均人口较少的所谓"部落"将长期存在，并且不断更新迭代，部落间所发生的冲突随着人口不断增加而增加。

● 离开还是不离开？这是一个问题

一个非常朴素的想法是，为了维持采集狩猎社会的基本生存秩序，人们或主观或客观地将人口基数维持在一定的水平，而这只是平均而言。那么在某一个时期，人口突然急剧增长，放在我们祖先面前的首要选择将是什么呢？离开现在的土地，去寻找新的可以生活的地方是一个重要的选择。

那么，离开还是不离开，这是一个问题。

哈姆雷特之问，"生存还是毁灭，这是一个问题"也可以理解成"离开还是不离开"这个问题背后的逻辑。我们只是假定有一小部分人作出了"离开"这样的选择，他们在无数次失败和无数次探索中来到山顶，再到山的另一面，从而开辟出道路；或许他们也跋涉到海岸线，探寻大海深度、广度之后，建造了出海的航船和港口。

这是不是意味着"大航海时代"将会从农业社会的束缚中挣脱出来，提前到一个难以想象的时间来到人类的时代？农耕文明落后的西欧开启了航海新时代，并带来了令世界震撼的地理大发现，而被农业滋养的东亚人却在数千年的时光里过着辛劳的农耕生活。

我们在二者之间建立一个简单的连接，如果人类延续采集狩猎时代，那么世界也许会提前很久便连在一起。

在这种假设的基础之上，由于人们往来的频率不断增加，便于交流的语言率先出现。在一段时间后，文字也将被伟大的祖先创造出来，但区别于农业社会，传递文字的载体或许将由绢布、纸变成某类更加坚实且不易折损的新物品——或许从渔猎所得的猎物上演变出来。地球的物种丰富多样，人们对于多样性的需求显然在不断上升，那么商品交换常有，货币自然而然便出现了。而生存驱使人们流动、迁徙，人们为获取更多的资源开始进行贸易，可能将迎来商业更加繁荣的时代。

这是一个流动的时代？

我们大胆设想，流动的人带来流通的货币和流动的贸易，然后便会出现流动的部落，继而又出现了流动城市。

> 如果回到作出选择的那一天，我们的先祖选择离开现在的土地，在长途跋涉中开辟出新的道路，建造了出海的航船和港口——这也是一个重要的选择。
>
> 那么，离开还是不离开，这是一个问题。
>
> If we go back to the day when the choice was made, our ancestors chose to leave the land on which they lived, blazing new trails on long journeys and building ships and harbors to go to sea – this too was an important choice.
>
> To leave or not to leave, then, is the question.

● 自私的基因

弗洛伊德认为，人类由采集进入农业社会，就是由即时的满足变成延时的满足，"文明的本质是压抑"。

事实上，我们现代人、后现代人所携带的基因正是由远古时期的人类在无数次自然选择之后遗留下来的，比如自私的基因。进入农业社会是出于自私，那么延续采集社会必然也是因为自私的基因。农业社会给人类带来文明之下的精神创伤——那么采集狩猎的后现代时代也必然拥有类似的牺牲转移。

> 接近1万年的农业文明在长达300万年的"没有选择农业"的时代面前犹如撼树的蚍蜉。我们不能将"进入农业社会"的重要决定比喻成"打开潘多拉的魔盒"，我们同样也不能说农业文明是人类的"诺亚方舟"。
>
> 它是一种选择，但它并不是一个选择的过程。
>
> An agrarian civilization of nearly 10,000 years is like an ant against a tree in the context of 3 million years without the option of agriculture. We cannot equate the important decision to enter agrarian society with opening Pandora's box, nor can we describe the agrarian civilization as mankind's Noah's ark.
>
> It is a choice, but it is not a process of choice.

人类瞬间的即时满足意味着长时期的空虚，而稳定且较少的人口也意味着较少的竞争。人类面临的竞争从人与人之间转向人与动物或者说是与自然之间。空泛的日常生活转向了另一种压抑，或者人类将"道德伦理"与"制度建构"视为无物，又或者进入无比辉煌灿烂的"快乐原则"的文明。

随着思考的深入，我常常觉得自己的设想是个悖论。原因可能在于我被现有的习以为常的生活模式禁锢，对于那些从未出现过的事物和模式有着本能的不认可和不相信。

进入农业社会是不是一个选择呢？它可能是一个选择，但并不是一个选择的过程。它并不是在诸多比较之下，作出种种博弈和权衡后最终定下的方案。也许它是一种牺牲，或者说是一种压抑——牺牲"享乐"，压抑人类接近其他动物的本能。

幸存的大众文明
Civilization Belongs to All

○文 谢意

> 人们有充分的时间去享受自然的馈赠，摆脱内卷与竞争，创造属于大众而非精英的艺术瑰宝。
>
> People had enough time to enjoy the gifts of nature, to get rid of the involution and competition, and to create artistic treasures that belonged to the masses rather than the elite.

农业革命意味着人类生活由原本居无定所的狩猎采集转变为定居下来的饲养种植。虽然对于农业革命学者们看法不一，但无法否认的是，今天的一切与农业革命都有着密不可分的关系。那么如果没有农业革命，世界又会是怎样的呢？

首先我们需要明确，这种假设意味着狩猎采集的生活方式没有被饲养种植替代。我们不否认狩猎采集延续下去会产生适应环境和发展的变化，只是假设这种变化并不会向饲养种植的方向进行，狩猎采集仍然是人们维持生计的手段。在这种假设下，我将该问题分解为两个部分：现在出现的哪些变化是农业革命导致的，如果这些变化不出现，其他变化仍然会发生；狩猎采集的发展会带来哪些不同于现在的变化，这些变化会因为没有饲养种植的阻碍而出现。我们不讨论这种变化是否有利于人类生活的进步与发展，只讨论它是否会出现。

农业革命带来的最大的变化是人口的快速增长，这也是农业革命后很多变化出现的根本原因。在获得技术进步之前，人们长期为马尔萨斯陷阱所困扰，人口增长速度超过了农业产出的增长，导致每一次大规模的经济增长都继之以人口减少，而这种减少大多是由战争、疾病等非文明的方式导致。同时，当农业产出难以满足增长的食物需求时，资源分配问题变得尤为突出。

> 如果人类一直停留在狩猎采集的生活方式之下，人们仅采集所需的食物，故人口数量会维持相对稳定。
>
> In the hunting-gathering world, people only collect the necessary food, so the population will remain relatively stable.

戴蒙德认为富集的食物资源贮存导致了深深的阶级鸿沟，而在人口增长后食物供给不足时，分配的不公又进一步导致了阶级鸿沟的加深。这些无疑是农业革命带来的人口增长直接导致的。在狩猎采集的生活方式之下，人们仅采集必需的食物，人口数量则会维持相对稳定。当食物供给不足时，人们会通过迁徙获得新的食物源，而非通过主动或被动的人口减少来维持经济生活稳定。因此，如果没有农业革命的出现，战争、疾病以及阶级鸿沟等被我们认为是非文明的现象也不会出现。

但是，相比于这些非文明现象，人们更加关心技术进步——这种被大多数人视为人类文明与进步的象征，是否与农业革命有关。工业革命被认为是科技革命的开端，机器化生产取代了手工劳作后，生产效率大幅提高，人们摆脱了马尔萨斯陷阱的困境，进而用科技创造了我们今天看到的众多现代化文明。

那么我们只需要思考，没有农业革命是否还会出现工业化，狩猎采集的发展能否代替工业化引发技术变革。

奇波拉在《欧洲经济史》中计算出了农业劳动生产率水平和工业水平之间强烈的正相关关系。而工业化动力来源即是提高粮食产量以满足日益增长的人口需要，在狩猎采集的生活方式下，人们的基本食物需求能够得到满足，虽然可能会出现有利于狩猎的技术进步，但不会出现像工业化这样大规模的技术变革。一方面，生计满足让人们缺少变革的动机；另一方面，四处迁徙的人们不会停下步伐，研究规律从而获得科技，也难以通过与其他人进行大量的思维碰撞获得灵感。这表明如果没有农业革命，代表现代文明的技术进步难以大规模实现，现在的现代化生活不会出现在狩猎采集的生活中。

那么狩猎采集的发展又会为我们带来哪些为饲养种植所阻碍的变化呢？我们可以从布须曼人这一现存的采用狩猎采集生活方式的土著民族中获得一些参考。他们生活在最贫瘠的荒漠地区，却能从野外的狩猎采集中获得充足的水和食物，有充足的闲暇时光创造出了千年不褪的岩壁画。如果将这一小区域的生活推广至资源更为丰富、生活条件更加适宜的世界其他地区，最大的变化在于人们可以获得更为闲适的生活状态，有充分的时间去享受自然的馈赠而非如现代人一般在竞争中夺取有限的资源。

> 战争、疾病以及阶级鸿沟等一系列被我们认为是非文明的现象，也不会因农业革命的出现而出现；由于人们四处迁徙的生活模式与闲适的生活状态，工业革命也失去了诞生的土壤……
>
> War, disease and class gap, which we consider as uncivilized events, will not appear. Because of people's migratory life patterns and leisurely living conditions, the industrial revolution will never happen either …

戴蒙德和赫拉利均认为，采集者的文明程度和文化的复杂程度都被低估了。我认为，相比现代文明的小众文明，狩猎采集创造的文明属于大众文明。我们现代的艺术文明，大多由少数天才创造，说起绘画我们总是想起毕加索、达·芬奇，音乐则是贝多芬、莫扎特，很少有耳熟能详的艺术瑰宝是由群体所作。可以说大众的生产劳作为少数人创造了产出艺术文明的时间，他们不必从事生产劳作，可以将自己的才华毫无保留地用于艺术创作，才有了今天我们引以为傲的艺术文明。但对狩猎采集的人群来说，一方面大家都能在获取食物、维持生计外获得闲暇时光用于创作，另一方面无阶层带来的知识能力差距使人们更容易在创作中实现合作。

从狩猎采集者创作的大型雕刻壁画以及巨大的哥贝克力石阵来看，如果没有农业革命，世界上的艺术文明代表会偏向由大众创造的大型艺术作品，我们难以在艺术价值上将它们与现在的艺术作品进行比较，但至少它们的规模会是十分惊人的。

当然，我们的所有猜想都基于一个并不成立的基本假设——如果没有农业革命。在现实世界中，我们既需珍惜农业革命带来的一切进步与美好，在推动社会文明进步中实现自我价值，又要认清狩猎采集社会的价值和意义，并从中反思自我，尽力减少现代社会中的不文明因素，这便是这种假设存在的价值吧。

逆水行舟：自由贸易是好的经济学吗？

自由贸易信条是大部分经济学人少有的共识之一，之所以会这样，也许是因为它背后的道理足够简单且直接。

简单到现代人无须自己思考，直接照抄亚当·斯密的作业即可——

> 如果一件东西在购买时所费的代价比在家生产时所费的小，就永远不会想要在家生产，这是每一个精明的家长都知道的格言……在每一个私人家庭的行为中是精明的事情，在一个大国的行为中就很少是荒唐的了。如果外国能以比我们自己制造还便宜的商品供应我们，我们最好就用我们自己有优势的产业，生产出来的一部分物品向他们购买。

这段来自《国富论》的论述给出了自由贸易最显而易见的逻辑，并直击重商主义主流思潮的要害，现代经济学也在这样的云淡风轻中有了一个美好的开端。

自此，作为经济理论提供给政策制定者最早也是最基本的主张之一，自由贸易信条便建立起来，并在历代经济学人苛刻的审视中屹立不倒，直至今日。

但是，自由贸易在这个时代失去了广泛的赞美确是不争的事实。

如今重读这段经典，我们会发现，斯密刻意地将自由贸易迎向太阳的一面展现给了我们，而把三个严重的问题留在了这座偶像的阴影里。

Q1：如果一个国家在任何产品的制造上都没有优势怎么办？

这个问题在1817年被一个叫作大卫·李嘉图的英国人解决，比较优势的概念从此流行起来。这是另外一个值得书写的故事。

Q2：个人的最优选择一定是国家的最优选择吗？

当然不是。哈佛大学曼昆教授在他广为人知的《经济学原理》一书的开篇，也提了一个类似的问题：每个人都可以通过做自己擅长的事情获益，这句话同样也适用于国家吗？他给出的答案与斯密如出一辙：国家和家庭是一样的，也能从贸易中获益。

这个回答充满了善意，但有失严谨。为此，经济学创造了合成谬误（Fallacy of Composition）这一术语来刻画这种逻辑上的困境。

Q3：自由贸易对国家有益，对每个人也是如此吗？

如果这些收益没有被"公平地"分配给每一个人，那么是否还有必要期望它为每一个人所赞美？

前两个问题，经济学都可以通过理论上的修补自圆其说，但是对于第三个，经济学家们却力有不逮，并最终演变成了经济理论与现实的倔强对峙。

同样一件事物，在不同的人的眼中判若天渊。

相信它的人奉之为经济文明的福音，反对它的人弃之如撒旦的诅咒。

那么，自由贸易是好的经济学吗？

我们用6篇短文来告诉你答案。

斯托尔帕-萨缪尔森定理与产业工人的困境

The Stolper-Samuelson Theorem and the Industrial Worker's Dilemma

○文　鲁晓东

> 国际贸易理论像一幕情节跌宕的剧，它的前半部分是喜剧，剧本叫作"贸易如此伟大"，而后半部分则是悲剧，旁白换成了"但它会伤害某些人"。
>
> Trade Theory is like a drama with a tumultuous plot: The first half is a comedy, with the script proclaiming, "Trade is great," and the second half is a tragedy, saying, "But it will hurt someone."

经济学与其他学科相比有一个显然的差异，那就是自它诞生的那一刻，争吵声就不绝于耳。而以沃尔夫冈·斯托尔帕和保罗·萨缪尔森命名的那个定理显然是新古典贸易理论四大定理中遭遇非议最多的一个。2002年4月，在密歇根州的安娜堡市，89岁高龄的斯托尔帕溘然长逝，但是他留给世人的这个著名定理却依然被喋喋不休的褒贬之声包围，甚至比他在世的时候更盛。

不管多么寂寂无名的人，他的人生里也大抵总有一些时刻如云端漫步，在往后余生中回味时让他不觉莞尔。对于经济学家斯托尔帕而言，这一刻一定出现在1991年的密歇根大学。为了纪念该定理发表50周年，该校经济学系举办了声势浩大的志庆仪式。其后经济学家迪尔多夫和斯特恩从144篇纪念短文中遴选了一部分，结集出版了图书——《斯托尔帕-萨缪尔森定理——五十年纪念》（The Stolper-Samuelson Theorem: A Golden Jubilee），此举更是将该定理推向了经济学学术殿堂的顶峰。整本文集群星闪耀——罗伯特·E.鲍德温（Robert E. Baldwin）、贾格迪什·N.巴格沃蒂（Jagdish N. Bhagwati）、威尔弗雷德·伊希尔（Wilfred Ethier）、罗纳德·W.琼斯（Ronald W. Jones）、穆雷·C.肯普（Murray C. Kemp）、保罗·R.克鲁格曼（Paul R. Krugman）、爱德华·E.利默（Edward E. Leamer）、劳埃德·A.梅茨勒（Lloyd A. Metzler）、罗纳德·罗戈夫斯基（Ronald Rogowski）、保罗·A.萨缪尔森（Paul A. Samuelson）——几乎囊括了当时在世的所有新古典贸易理论家。

这一刻，沃尔夫冈·斯托尔帕先生借由一个定理居于新古典经济学舞台的中心，一代宗师的形象尽显。

该定理与生俱来的三大特质注定其将成为一个伟大的经济理论：重大的现实意义、优雅的分析以及令人惊讶的结论。

作为该文集的主编以及斯托尔帕先生在密歇根大学经济学系的同事，艾伦·迪尔多夫称赞该论文"非同凡响"，因为它证明了一个在非经济学家看来似乎显而易见的现象：与低工资水平的国家进行贸易将损害高工资国家产业工人的利益。尽管这一结论在反自由贸易人士看来如此显而易见，但是经济学家历来对此不以为意。

伴随着鲜花与掌声出现的，还有一些不和谐的声音，其直指这一定理的要害。2007年，《全球化与贫困》一书收录了由哥伦比亚大学的戴维斯和国际货币基金组织（IMF）的米什拉撰写的文章，该文同样也提到了这一定理，不过这一次，舞台换成了审判台。文章光听名字就足够耸人听闻——《斯托尔帕-萨缪尔森已死：兼论其他理论和数据的犯罪》（"Stolper-Samuelson Is Dead: And Other Crimes of Both Theory and Data"）。如今再读此文，即使隔着纸页，似乎仍能够感受到作者翻腾的怒意：

"现在是宣布斯托尔帕-萨缪尔森定理死亡的时候了。该定理认为，贸易自由化会提高穷国丰裕要素（非熟练劳动力）的实际收入。这一点在理论上来说毫无疑问是正确的。但是，如果我们将它应用于现实，就像过去我们经常做的那样，似乎把它当成一个追问人类存在终极意义的稳妥答案，那么这非但是大错特错，而且是非常危险的。"

尽管是斯托尔帕在斯沃斯莫尔学院以及萨缪尔森在麻省理工学院的学生，罗纳德·琼斯似乎更能平衡个人感情和科学价值之间的关系，他在2006年撰写了《保护主义和实际工资：一个思想的历史》一文，全景式地回顾了斯托尔帕-萨缪尔森定理提出之后，大量文献围绕该定理的局限性所作的诸般努力。该文记述了斯托尔帕-萨缪尔森定理从2×2×2低维度向n×n×n高维度迈进过程中，萨缪尔森、梅茨勒、琼斯等一代经济学人作出的卓绝努力以及其中所体现的治学精神，在不着痕迹的批判中充分肯定该定理的学术价值，以及在那个时代理论模型中极为匮乏现实意义。

与此相比，《经济学人》在2015年的短文《关税和工资：一丝尴尬的真相》（"Tariffs and Wages: An Inconvenient Iota of Truth"）显得要客观公允得多。尽管对斯托尔帕-萨缪尔森定理的局限毫不避讳，但是结合斯托尔帕的人生经历以及其后全球化时代国际贸易的飞速发展，该文丝毫也没有吝惜对斯托尔帕-萨缪尔森定理以及斯托尔帕本人的溢美之词，坚定捍卫着这个定理最后的尊严。

而斯托尔帕本人又是如何看待这个定理的呢？作为一名经济学家，他涉猎广泛，从早期的大萧条到晚期的非洲发展问题，他都有珠玑之见。但是对这个定理，他则是青睐有加。他曾经表示，如果能够再写出一篇像那样的文章，他愿意牺牲自己的左眼。

> 1941年，两位年轻的哈佛经济学家斯托尔帕和萨缪尔森合写了一篇叫作《贸易保护与实际工资》的论文，著名的斯托尔帕-萨缪尔森定理在该文中横空出世。
>
> In 1941, two young Harvard economists, Stolper and Samuelson, co-authored a paper titled "Protection and Real Wages," from which the famous SS theorem emerged.

● 这是一个什么样的定理

让这个定理长盛不衰的则是其无与伦比的现实意义，即使在全球化受阻的今天，它也时常成为反全球化人士的斗争利器，以及产业工人在全球化背景下困苦命运的底色。

现实中的国际贸易是全球化时代最宏大的叙事之一，它既可以是大国政治博弈的筹码，也浸润着升斗小民的日常悲喜。而国际贸易理论更像一幕情节跌宕的剧，它的前半部分是喜剧，剧本叫作"贸易如此伟大"，而后半部分则是悲剧，旁白换成了"但它会伤害某些人"。不同于亚当·斯密、李嘉图、赫克歇尔和俄林热衷于宣扬它的喜剧部分，斯托尔帕-萨缪尔森定理则更关注它的后半部分——谁将因为贸易而受伤？

不同于大多数经济学定理的艰涩难懂和含糊其辞，斯托尔帕-萨缪尔森定理的结论清晰有力。其一般性的表述是：在一个充分竞争的两国两产品和两要素（资本和劳动）的世界里，贸易将使一国出口品中密集使用的要素受益，而使进口品中密集使用的要素受损。如果这个表述还不够直观的话，那它有一个更加简洁的版本：对于美国而言，按照要素丰裕度进行国际分工，该国将从其他国家（例如中国）进口劳动密集型产品，那么此时如果对进口品征收关税，这无疑将提高美国低技能工人的实际工资水平。

定理中预测的对低技能工人的影响，在2016—2020年的美国经济和政治中得到了充分体现，它所描述的场景似乎正是当前深陷贸易战泥淖的中美两国人民所经历的。尽管发动贸易战的特朗普不太可能知道斯托尔帕是何许人，但这个定理不正是他贸易战背后的底层逻辑吗？而现在距离这个定理的提出已经过去了80多年。

此时，我们似乎看见了凯恩斯嘴角泛起的笑意，因为他曾经说过，"生活在现实中的人，通常自认为能够完全免除于知识的影响，其实往往都还是某些已故经济学家的奴隶"。

● 沃尔夫冈·斯托尔帕先生和斯托尔帕－萨缪尔森定理

要想追溯这篇文章的前世今生，还需要重回1938年的哈佛大学校园。

此时年满26岁的斯托尔帕刚刚通过哈佛大学的博士论文答辩，并留校担任讲师。如同大多数刚刚开始学术生涯的青年经济学人一样，此时的斯托尔帕在未来研究论题的选择上显得彷徨而茫然。他的博士论文关注的是1930年代的英国房地产市场泡沫以及它与广义货币政策之间的联系问题，这个题目显然与他的导师熊彼特的经济周期理论有着一脉相承的关系。但是斯托尔帕很快发现,这个题目在地广人稀、房产充足的美国并不受欢迎。在盘桓于几个话题之后,斯托尔帕决定投身于当时兼具理论性和现实性的国际贸易话题。

斯托尔帕的人生在1941年突然发生了转向,他决意离开哈佛大学。这背后的真实原因现在已经不得而知,或许是为了剪除自己身上挥之不去的熊彼特的影子。因为从1931年3月的波恩大学起,他就和这位后来成为一代经济学巨擘的"奥地利学派的坏孩子"有着千丝万缕的关联,他也是一路追随熊彼特才来到波士顿剑桥的。

但是不管怎样,年轻的斯托尔帕已经决意脱离恩师的羽翼单飞。在写给霍巴特学院(Hobart College)院长的求职信中,他详尽地描述了他所受的经济学训练和对未来发展的设想,尽管最终由于薪酬的问题,他拒绝了霍巴特学院而选择了斯沃斯莫尔学院(Swarthmore College)提供的助理教授职位。从这封现存于杜克大学档案馆的求职信原件中,我们可以发现,他在求职信的最后提到"我现在正在完成另一篇关于贸易保护与实际工资的文章(Right now I am finishing another article on protection and real wages)",而就是这篇文章造就了后来大名鼎鼎的斯托尔帕-萨缪尔森定理。

尽管萨缪尔森后来极力把这篇论文的原创性归功于斯托尔帕,但是论文的诞生与萨缪尔森有着密不可分的联系。此时的萨缪尔森正野心勃勃地用数学改变整个经济学的叙事方式,而首先摆在手术台上的正是由瑞典经济学家赫克歇尔和俄林开创的要素禀赋理论。

该理论认为贸易的动因来自各国国家要素禀赋的差异，这一点与古典经济学家李嘉图基于相对生产率差异的国际分工模式迥然不同。根据他们的理论，一个国家应该出口密集使用自己丰裕要素的产品，而进口密集使用自己稀缺要素的产品，如果按照这种模式进行分工，那么国际贸易将会使全球财富增加而各种要素所有者各得其所。

当萨缪尔森通过要素价格均等化（HOS）模型向斯托尔帕优雅地展示这一结论时，聪慧的斯托尔帕向萨缪尔森提出了建议。斯托尔帕同意，贸易能刺激更大的经济增长，但并不一定对所有工人有利。随着国与国之间贸易量的上升，价格发生变化，稀缺性和丰富性开始发挥作用，一些工人的工资将会下降。

在2002年斯托尔帕的追思会上，萨缪尔森还能依稀回忆起当时的情形：

"斯托尔帕带着这个非常重要的见解来找我，我说：'这真的很重要。而既有的文献并未述及这一点，你应该把它写下来。'"

"我是斯托尔帕-萨缪尔森定理的助产士，记住是斯托尔帕-萨缪尔森定理，而不是萨缪尔森-斯托尔帕定理。"他补充说。

贸易理论自20世纪40年代以来有了很大的发展，但斯托尔帕的洞察力仍然是其中的重要组成部分。

如同许多伟大的论文一样，它的发表过程并非一帆风顺。该文最早投给了《美国经济评论》（American Economic Review），但是惨遭拒稿。这封拒稿信后来也因为斯托尔帕-萨缪尔森定理的声名鹊起而屡被引用。《美国经济评论》的编辑这样写道：

尽管这篇文章"展现了出色的理论之美"（brilliant theoretical performance），但它却是"对正式理论极为狭隘的研究"（原文为"have anything to say about any of the real situations with which the theory of international trade has to concern itself"）。

就连萨缪尔森在自己广为认可的经济学教科书中，提到该定理时也显得小心翼翼。为了防止被那些不怀好意的人滥用，在承认自由贸易有可能导致美国产业工人的境况变糟之后，他还是稳妥地补充了一个注释：

"虽然大部分经济学家都承认这种情况在理论上存在一定可能，但他们仍然倾向于认为，相对其他更为现实的考量，这一点真相的影响并不会太大。"

萨缪尔森的谨慎并没有妨碍斯托尔帕-萨缪尔森定理形成广泛的影响。此后高歌猛进的全球化进程让贸易成为经久不衰的话题，而任何关于贸易分配效应的探讨都无法绕开斯托尔帕-萨缪尔森定理。以该定理提出的问题为起点，一系列堪称伟大的研究被提出，1948年的要素价格均等化定理、1949年的梅茨勒事件、1971年的特定要素模型……事实证明，这篇论文所产生的影响力足以媲美斯托尔帕和萨缪尔森的洞察力。

不过令人唏嘘的是，与诺贝尔经济学奖获得者萨缪尔森相比，斯托尔帕在理论上再也没有取得与他的洞察力相当的突破，这篇论文成为斯托尔帕一生再也无法超越的高峰。

在该论文发表50周年之际，斯托尔帕先生的左眼的确失明了，但是他在余生再没有写出如此充满现实追问且不失优雅的论文。

> 斯托尔帕-萨缪尔森定理与生俱来的三大特质注定其将成为一个伟大的经济理论：重大的现实意义、优雅的分析以及令人惊讶的结论。
>
> The theorem is destined to become a great economic theory by its three inherent qualities: great relevance, elegant analysis, and surprising conclusions.

● 这个定理是否与现实相符

尽管这个模型诞生于斯托尔帕的书斋，是一篇纯理论的论文，但是其指向的政策含义却清晰有力——关税将保护一国的稀缺要素所有者。基于这一点，该定理成为实证研究者竞相证明或证伪的对象。而在1960年，斯托尔帕本人也迎来了在现实中检验斯托尔帕-萨缪尔森定理的机会。

自1957年恩克鲁玛总统在加纳开启了非洲独立的先河之

后，1960年代的非洲又有几十个殖民地先后独立。与此同时，以亚瑟·刘易斯为代表的一批经济学家以经济顾问的身份受雇于新政府，承担了将独立起来的非洲对富强文明之路的想象变为现实的职责，沃尔夫冈·斯托尔帕也成了他们中的一员。1960年，受刚刚从英国独立的尼日利亚新政府的邀请，斯托尔帕担任了该国的经济规划部部长，主要负责制订该国的经济发展计划。

踌躇满志的斯托尔帕甫一踏上这片商业萧瑟的土地，就造访了当地为数不多的殖民地时期的工业留存：卡杜纳纺织厂（Kaduna Texitle Mills）。

该工厂几年前由兰开夏郡的一家公司投资兴建，规模最盛时曾雇佣1400名员工。按今天的购买力水平折算，工人的日薪只有4.8英镑，然而，关税需要高达90%，该工厂生产的产品才能与外国竞争对手竞争。

如此高的关税保护了谁呢？

按照斯托尔帕-萨缪尔森定理的指引，我们需要找到该国的稀缺要素。尼日利亚的技术工人极度稀缺。该工厂只有6个值得培养为工头的北方人，这些人需要走10英里路来上班，他们几乎都背负着亲人的厚望。即便如此，大多也半途而废，这更增加了寻找和培训技术工人的成本。留下来的工人往往因为过度劳累、缺乏经验或者文化水平低下而无法妥善维护机器，这进一步推高了卡杜纳工厂生产的纺织品的成本。难怪就连斯托尔帕也抱怨："非洲劳动力在全世界收入最低，但成本却是最高的。"

那么，关税是否保护了这些稀缺要素呢？

可以想象，如果没有90%的关税，卡杜纳工厂根本无力负担培训当地工人以及聘请技术人员的费用，这个工厂将不复存在，而尼日利亚将会直接从兰开夏郡进口纺织品，这些技术工人的存在理由也就荡然无存。自由贸易（废除关税）伤害了稀缺要素。

但是，理论的成功检验并没有让斯托尔帕在非洲的事业风生水起。一年后，他悻悻然离开尼日利亚。这段经历催生了一本名为《没有事实的计划》（Planning Without Facts）的回忆录。斯托尔帕对这段经历的反思表明他并非一个偏执的书呆子，他开始质疑自己的理论："依赖高关税维持的产业只会陷国家于困顿，并不值得拥有。"

如果我们把视角转向发达国家，对斯托尔帕-萨缪尔森定理的解读将会完全颠倒过来，此时的稀缺要素成了产业工人。随着全球化的推进，受过高等教育的熟练劳动力将成为受益者，其实际工资上升，而产业工人的工资将会下降，发达国家的收入鸿沟将进一步拉大，就像二战之后美国经历的那样。反全球化的斗士们正是在这种逻辑的指引下，将国际贸易当成了穷人悲惨命运以及环境恶化的罪魁祸首。戴维斯说的"这种理论是极其危险的"，言之凿凿。

即便有了这样的现实性，该定理也绝非完美。首先，它无法解释为何在技术工人稀缺的发展中国家，这类人群也会因为国际贸易而受益。问题应该是出在它的假定上，该定理假定每个国家都会生产所有产品，但是事实并非如此，例如日本不会生产石油，而沙特也不会生产猪肉。这种不切实际的假定无疑会夸大贸易的伤害指数。事实上，各国会进口一些自己不再生产或者从来不生产的产品，这种进口不会损害根本不存在的产业以及相应的产业工人，也不会持续伤害早已式微的行业。

另外一个沿袭自赫克歇尔-俄林模型的观点认为，工人可以无摩擦跨行业流动的假定也把该定理推向了危险的境地，此假定抹掉了工人自身的产业属性，因此也极其容易让人忽视产业工人困境的真正源头。

2013年，麻省理工学院的戴维·奥特（David Autor）等人发表在《美国经济评论》上的文章认为，来自中国的进口产品并未迫使美国的产业工人从劳动密集型行业转向其他注入资本和技术密集型的行业，而是直接将他们挤出了劳动力市场。

这个故事还有一个更为"血腥"的版本，它来自美联储的皮尔斯和耶鲁的斯科特撰写的一篇名为《贸易自由化和死亡率》的论文。尽管此文颇有争议，但是它最终还是在2020年由《美国经济评论》发表。该文认为来自中国的进口冲击给美国产业工人带来了"绝望的死亡"，那些严重受中国进口竞争影响的地区有着比其他地区更高的药物滥用率、自杀率、与酒精有关的肝病（ARLD）发病率以及整体死亡率。

或许那些生活在"锈带"的产业工人对此有着更为真切的体验，但是一个不能否认的事实是产业工人身上的产业属性在短期内根本无法消除，即使在最乐观的情形下，也需要一代人的时间。

这也许才是斯托尔帕-萨缪尔森定理令人感到尴尬的地方，产业工人困境的真正来源是他们的跨产业跨阶层流动的困难性，而非其本身的稀缺性。斯托尔帕-萨缪尔森定理的超长视域遮蔽了现实的残酷，也让这篇旷世之作蒙上了些许遗憾色彩，即使它依稀闪现着一点令人无奈的真相。

有关斯托尔帕-萨缪尔森定理前因后果的这篇短文会在这里结束，但是围绕这个定理产生的争论仍将继续……

自由贸易：难以割舍的烫手山芋

Free Trade: Trouble that is Hard to Give Up

○文 陈广宇

> 当我们谈论自由贸易时，我们在谈论什么？是餐桌上的挪威三文鱼和法国红酒，还是失业的美国制造业工人？在逆全球化愈演愈烈的今天，斯托尔帕-萨缪尔森定理又给我们带来怎样的启示和隐喻？
>
> When we talk about free trade, what are we discussing? Is it the Norwegian salmon and French wine on the table, or the unemployed American manufacturing workers? What does the Stolper-Samuelson theorem imply, and what metaphor does it offer us today, as deglobalization becomes increasingly pronounced?

● 大洋彼岸的一纸公文

"我们在相当短的时间内失去了6万家工厂——它们关闭、停运、消失。至少有600万个工作机会没有了。"

他捋了捋自己的蓝色领带，黄豆色卷发下的面庞透露出七分不羁、三分傲慢。他清了清嗓子，继续说道："我们的贸易赤字，为5040亿美元……无论从哪个角度来看，它都是世界历史上的最大赤字。这是失控的……"

随后，在媒体的长枪短炮前，他在那份报告中签下了"唐纳德·特朗普"的名字，再次祭出了美国历史上屡试不爽的贸易保护利器——《301条款》。

电视前的下岗工人满意地笑了，躺在沙发上的农场主皱紧了眉，大洋彼岸的中国人则要睡不着觉了。

这是2018年3月22日，签字的人正是美国第45任总统——唐纳德·特朗普。他兑现了自己的诺言，却将世界带入了一条完全不同的道路。随后的故事，相信读者并不陌生，逐层叠加的关税，层层加码的制裁，媒体人的唇枪舌战……一切都在意料之中，而时至今日却依旧让人难以接受。

● 一场残酷的竞技游戏

特朗普当然有他自己的理由。随着美国的制造业向中国转移，其创造的巨额利润主要被华尔街和互联网公司的大鳄攫取，而美国底层的制造业工人依旧领着失业补贴、过着艰苦的生活。2017年，华盛顿智库政策研究所（Institute for Policy Studies）的报告显示，美国最富有的3个人——贝索斯、盖茨和巴菲特的财富之和，等于美国底层约一半人口的财富总和，即超过1.6亿人或6300万个家庭的财富总和。底层民众两手空空，把自己唯一的财富——选票，投给了那个承诺"让美国再次伟大"的男人。何况中期选举在即，特朗普当然不能辜负那些把自己抬上总统宝座的选民们，为了对自己的选民负责，他承诺为美国制造业的蓝领工人创造更多的就业岗位，而最直接创造就业岗位的方式就是把那些外国的竞争者挡在家门外。

回过头来看，认为贸易是造成美国如此大贫富差距的原因，这个观点至少是有一定的正确性的。1941年，美国经济学家斯托尔帕和萨缪尔森基于贸易理论推导出了著名的斯托尔帕-萨缪尔森定理。该定理说明一个国家充裕要素的所有者可以从贸易中获利，而稀缺要素的所有者会因贸易受损，贸易的分配效应产生了赢家和输家。这意味着在只考虑贸易的影响的情况下，发达国家的高技能劳动者的工资将会变得更高，这进一步加大了其贫富差距；而发展中国家的低技能劳动者工资水平会提高，贫富差距会减小。对于美国来说，由于自由贸易带来了产业转移，对低技能劳动者的需求将会相对减少，从而导致他们工资下降和更多人失业，这与斯托尔帕-萨缪尔森定理的推论是一致的。

我们把目光放回大洋彼岸的中国，这里的情况更为复杂。1978—1995年的17年间，中国农村基尼系数从0.21上升到

0.34，城镇基尼系数从0.16上升到0.28。到2010年，中国的基尼系数已经达到0.437。更不必说政府的基础设施建设、社会保障及其他隐性收入在城乡、在穷人和富人之间的差距。开启自由贸易后，中国的贫富差距反而加大了。主要的解释，一是中国从计划经济体制向市场经济体制转变，市场经济的马太效应拉大了贫富差距；二是引进的技术带来了技能偏向型技术变革，使得无论是不是高技能密集型产业，都倾向于雇佣更多的高技能劳动者，从而导致收入分配的差距。虽然贸易并没有直接导致贫富差距的增大，但这两者似乎都与中国实行对外开放和加入世界贸易组织（WTO）脱不了干系。

这么看来，贸易似乎从一开始就是一场残酷的竞技游戏。

贸易的过程中伴随着巨额的财富创造和转移。经济学家已经证明贸易能够使参与国利用资源的效率得到提升，变得更加富有；他们也发现贸易存在分配效应，这使得某些贸易参与国国内的贫富差距有所改变。而糟糕的现实似乎表明贸易正在拉大所有参与国国内的贫富差距。

Trade is accompanied by significant wealth creation and transfer. Economists have demonstrated that trade enables participating countries to use resources more efficiently and become richer; they have also found that there are distributional effects of trade that affect the gap between rich and poor within some trading countries. However, the unfortunate reality appears to be that trade is widening the gap between rich and poor in all participating countries.

● 难以割舍的贸易自由

如果说贸易是一场残酷的竞技游戏，那么它为何呈现出蓬勃发展的态势？

放弃贸易是不可能的，也是不好的。自由贸易是利大于弊的，正如真理是不言而喻的，几乎所有贸易学家都会同意这个观点。

无可否认的是，贸易至少能给本国带来如下收益：首先，自由贸易能够发挥两个国家的比较优势，使本国更加专注于生产自己更具优势的产品，从而发挥本国的相对生产力优势。其次，通过进口先进的产品和技术，提升本国的要素生产率。这对于穷国来说尤其如此。比方说尼日利亚、赞比亚等非洲国家，如果不打开国门进行国际贸易，其国内如今繁荣的化学工业、机械工业的发展估计还得后推几十年，而花卉种植业和旅游业甚至不会繁盛起来，至于中国援助的铁路可能就要到猴年马月了。最后，自由贸易降低了进口商品的实际价格，并扩大了消费者的选择范围，这有利于提高消费者的整体福利。因为在缺乏贸易的条件下，本国生产这些商品的成本将会更高，生产品类的丰富度也不足。

也就是说，贸易促进了资源配置的效率，使得参与贸易的国家变得更加富有，并提高了消费者的福利。无论用李嘉图比较优势理论，各国能够专注自己擅长的事，通过交换提高自己的福利，还是用赫克歇尔-俄林模型，各国能够出口使用自己丰裕的生产要素生产的产品,都能证明自由贸易能够使得各个国家受益。

事实上,目前反对自由贸易的主要是发达国家的低技能劳动者群体,高技能劳动者显然是支持自由贸易的。而对于发展中国家的低技能劳动者而言,即使收入增长不及高技能劳动者迅速,其收入的绝对水平也因为自由贸易提高了。另外,即使没有反映在收入上,由政府提供的教育、医疗、养老等公共服务也实实在在地提高了这些劳动者的生活水平和幸福感。也就是说,自由贸易的受益者总是远多于受害者,总收益高于总损失。在经济学上,这被称为潜在的帕累托改进。这种改进由于增加了社会的总财富,总是让人难以割舍。

> 各国政府企图通过政策去改变贸易分配财富的现状,但目前为止收效甚微。有的国家架起了高高的关税壁垒,却让全体人民付出了更高的代价;有的国家向富人征税,却遭到了富人的强烈反对,他们以更换国籍等手段来表达自己的意愿;有的国家对因贸易而下岗的工人进行培训和帮助再就业,却面临资金来源不足和项目利用不足的窘境……
>
> Governments have attempted to alter the distribution of wealth affected by trade policies, but with limited success so far. Some have erected high tariff barriers at a great cost to the entire society; some have taxed the rich, only to be met with strong opposition and instances of the rich to change their nationality; some have trained and re-employed workers displaced by trade adjustments, only to face the dilemma of insufficient funding sources and underutilized programs ...

● 向富人征税？

既然总收益高于总损失，我们只要找到一个足够好的转移支付的办法，把一部分收益转移给受害者不就好了吗？但现实来看，这并不容易。

从实现社会收入分配公平的角度，向富人征税会是一个合乎情理的方法。一方面，从上文的分析可以看到，高收入者在贸易中是相对受益更多的，于是有理由对他们征收更高的税。另一方面，由于富人对社会稳定的评价更高，其有能力也有需求通过一定的转移支付，降低社会的贫富差距以维持一个良好的社会环境。

困难的是如何让富人从腰包里掏出钱来，以及怎样的税收是适度的。对富人施加重税的做法往往会适得其反，惩罚性的高税率会打击生产率最高的富人的积极性，还会增加他们为了避税隐瞒收入或直接逃离本国的可能性。

一个著名的例子就是法国的富人税。法国国民议会于2012年10月19日表决通过向年收入百万欧元以上的富人征收75%"特别团结捐税"。这项政策当时被法国民众普遍看好，而实际效果却与预期大相径庭。政策开始实施后，法国的富人，包括球星、影星等纷纷逃离法国，加入其他国家国籍，大大损害了法国的竞争力和国际形象。2015年2月，法国宣布取消这项富人税。

向富人减税则更不可取，英国前首相特拉斯于2022年9月提出的减税计划招致了民众的普遍反感和抨击。增加富人财富并不能有效刺激消费，而减税造成的通货膨胀却要穷人来承担。这也间接导致了特拉斯的下台。

出于税收调整的敏感性和影响的广泛性，理想的方式可能是广泛收集民意和逐步调整。一种可能的方式就是设置专项的贸易调整税，其税率应该广泛收集出口企业和本地企业的意见，并通过政府协商的方式进行确定。但是协调的成本谁来支付？应采取怎样的方式进行公共决策？这则引出了更多的问题。

● 劫富不可取，济贫如何？

正如班纳吉和迪弗洛在《好的经济学》中写到的那样，如果可以明确界定贸易的收入和损失，那么进行补偿就是有可能的。

贸易调整援助就是一种颇值得尝试的方案。贸易调整援助的基本思路便是"授人以渔"。它主要为因贸易受损的下岗职工给予再培训的机会，帮助他们转行。在新古典贸易模型中，如果劳动力能够在各个部门之间自由流动，那么贸易中的输家可以转向赢家的部门进行生产，工资应该趋于一致。比如在美国，下岗的钢铁工人如果能够加入农业生产，那么他们的情况会比现在要好得多，而贸易援助计划就是帮助被淘汰的行业的工人跨过其他行业的门槛。

目前，多个经济体已经采取了这种方式。美国是最早实施贸易调整援助的国家，自《2015年贸易调整援助法》出台，美国逐步完善了贸易调整援助计划（TAA）。欧盟自从2007年1月推出欧洲全球化调整基金（The European Globalization

Adjustment Fund）以来，也不断扩大援助范围。如今在欧盟，任何一家包括其供货商和下游生产商在内裁员超过200人的公司即可申请启动该基金。中国则从2017年开始在上海试点，2021年在上海正式实施《上海市贸易调整援助办法》，未来可能逐步推向全国。

当前贸易调整援助面临的困境主要来自黏性经济和成本两方面。一方面，从微观角度来讲，当工人需要调整自己的职业，他们可能需要离开家乡，承受在外务工的痛苦，因而他们可能会拒绝援助。另一方面，从宏观角度而言，贸易调整援助还会面临资金来源不足的情况。援助计划开支可能巨大，一方面是涉及的劳动力数量多，另一方面是识别因贸易受损工人的行政管理成本高。对于中国而言，主要应从三方面入手解决这个问题：首先需要完善外来人口落户制度，便于产业工人流动；其次要增强部门之间的数据共享，及时反馈失业工人的情况以便进行及时援助；最后需要制定更合理的累进税制度，并且加强监管防止偷税漏税骗税行为的发生。

> 我们从现实出发，探寻贸易分配财富的本质。更重要的是，在全球化分工业已成形的今天，我们需要实事求是，并探索出一条令人满意的贸易之路。
>
> We start from reality and explore the nature of trade distribution of wealth. More importantly, we need to be realistic and explore a satisfactory path for trade.

● 仰望星空，脚踏实地

从上文的分析已经可以看出，现实的复杂性使得贸易有时可能比斯托尔帕-萨缪尔森定理描述的更差：尽管社会总财富在增加，但攫取王冠上宝石的，却总是本就富得流油的那群人。但也许不应该把锅完全扣在贸易头上，毕竟归根结底，贸易只是市场交换的一种形式而已，只不过跨过了民族国家这道人为的屏障。市场规则本就会带来两极分化，正如圣经《新约·马太福音》里说的那样："凡有的，还要加倍给他，叫他多余；没有的，连他所有的也要夺过来。"

但目前国际贸易的规模和影响已经大到没有任何一个国家能够以一己之力将其阻断了，不仅没必要，而且不值得。尽管中美之间的贸易战依然硝烟滚滚，但对美国并没有什么实质性的好处。尽管中美逆差缩小，美国贸易总逆差却在持续走高。据统计，2018—2021年美国贸易逆差额较2017年分别增长13%、20%、32%、68%，2021年贸易总逆差达8614亿美元，创下历史新高。失去了中国低价商品的护佑，美国政府对中国加征的部分关税，最终反而增加了美国人民的消费成本，也促使美国在通胀的泥潭中越陷越深。而且其对通胀的承受能力随着财富的减少而递减，最终承受苦难的还是底层民众。

如果回到李嘉图、马克思等先贤所信奉的劳动价值论中，我们可以暂且回避贸易的分配效应，那么贸易将会是一个共赢的局面。无差别的人类劳动所构建的理想世界或许值得我们进一步追寻。但对于目前的技术和生产力水平而言，那还太遥远。任何一个一心为公的政府，都应该考虑设计更好的机制去调节贸易的分配效应（比如如何更好地应用贸易调整援助），而不是去阻止自由贸易。

不过这未必符合总统先生的愿望了。

自由贸易，深渊或是星辰？

Free Trade, Curse or Blessing?

○文 张弛

> 在许多别有用心者的眼里，取消自由贸易，是走向繁荣平等的乌托邦的捷径。
>
> In the eyes of those with ulterior motives, abolishing free trade is a shortcut to a utopia, prosperous and equal.

"一个人可以仰望星辰乃至太阳，何至于喜欢小块珠宝的闪闪微光？"

——莫尔《乌托邦》

● 追求乌托邦，自古以来便凝视着深渊

治"不均"，自古以来便是政治家们的使命。在新航路尚未开辟，莫尔尚未周游列国、找寻空想社会主义之前，追求乌托邦的战火便已在世界熊熊燃起。对乌托邦的追求，西方早已与东方形成了无声的默契。"丘也闻有国有家者，不患寡而患不均，不患贫而患不安。盖均无贫，和无寡，安无倾"，这是孔孟对世界大同的追求。

可是，乌托邦之所以成为乌托邦，正是因为它诗意盎然的叙事之中，暗含着对现实的讽刺和批判——一端是桃花源的愿景，另一端则面向政治锦标赛盲目的深渊。

毕竟，正如"理性经济人"的假设一般，我们对当权者总存在着理想化的假定——高屋建瓴、政清人和。可是，因为有限的任期和政治锦标赛晋升的激励，对胜利的渴望自然催促着当权者穷兵黩武，在任期内迅速取胜。

而取消自由贸易，正是让乌托邦向深渊靠近的武器之一。

斯托尔帕-萨缪尔森定理（The Stolper-Samuelson Theorem）告诉我们，自由贸易的存在让使用稀缺要素部门的回报下降，让使用丰裕要素部门的回报上升，也就是说，一国之内，自由贸易，必然带来赢家和输家。

在深渊面前，自古以来，就有当权者扬着平等仁爱的长旗讨伐着贸易——近100年前，斯穆特猛烈抨击了自由贸易，他高呼着反对那些"背叛美国利益并抛弃民族主义精神的国际主

义者"，于是《斯穆特-霍利法案》将2万多种进口商品的关税提升到历史最高水平；几十年后的21世纪，特朗普在上任第一天，一举兑现了竞选诺言，美国从此退出跨太平洋伙伴关系协定（TPP），逆全球化趋势再一次抬头。

诚然，当权者希望得到输家的支持，方能在政治上取信于民。而取消自由贸易，确实短暂地让平等看见了曙光——至少在疫情前，特朗普政府对中国和其他国家的一系列"贸易战"政策，在降低了贸易逆差的同时，也有助于为美国某些低端产业创造一定的就业岗位，某种程度上确实改善了低技能工人的生存处境。

但是，"当你凝视深渊之时，深渊也在凝视着你"。

> 乌托邦之所以成为乌托邦，正是因为它诗意盎然的叙事之中，暗含着对现实的讽刺和批判——一端是桃花源的愿景，另一端则面向政治锦标赛盲目的深渊。
>
> What makes such a utopia is its irony and critique of reality, captured within its poetic narrative – a vision of a peach blossom garden on one end, but an abyss facing the brutal political struggle on the other.

● 凝视深渊过久，深渊将回以凝视

取消自由贸易，为何是对深渊的凝视？

贸易保护的代价，让消费者福利落入了损伤的陷阱。贸易保护主义拉高了相关消费品的成本，导致消费品的价格上升，

消费者的相对收入降低，福利减少。在美国历史上，这个事实早已有所印证——2009年奥巴马对轮胎征税，虽然使得美国轮胎业增加了1200个就业岗位，但是轮胎价格上涨降低了美国家庭的消费能力，零售业约3500人因此失业。国家经济研究局（NBER）提供的文件表明，2018年中美贸易战将物价上涨的成本转嫁给美国企业与消费者，使得美国实际收入每月减少约14亿美元。想必众人对乌托邦的愿景，自是希望福利增益，可是贸易限制背后对消费者福利的吞噬，何尝不是一种对穷人的剥削？何尝不会让平等落入深渊？

深渊席卷而去的，不只是消费者的福利，更是做大蛋糕的希冀——它看似可以粉饰低技能劳工的就业数据，但是这消耗了许多产业发展的元气，侵吞了更多本可以守护的"蛋糕"，这何尝不是一种"一叶障目"？对于发达国家而言，自由贸易允许他们进口成本较低的原材料，从而降低某些产业的生产成本，进而创造利润空间。例如制造一台手机时，如果能在劳动力成本较低的国家完成"拼装服务"，这一要素的进口有助于降低手机的生产成本，从而提高相关产业的利润率。同时，自由贸易为负外部性提供了转移的可能性和可行性，是规避风险的一种方式。产业转移的雁阵理论表明，不同国家处于不同的发展阶段，他们的产业升级会有相似的过程，某些相对低端的产业在本国衰退、在他国发展，这正是将负外部性成本转移的一个方式。例如某些低端产业有着较高的污染成本，至少在产业转移之后，本国的环境压力可以减轻。向乌托邦前进的要义、最好的期冀，无非是实现"平等的繁荣"。这背后的逻辑，首先是"繁荣"，而不是"平等的贫穷"。毕竟，没有蛋糕，切分的意义何在？通过贸易保护政策强行引进本该被淘汰的供应链，实质上是占据了产业升级所需使用的资源，这不利于经济繁荣，因此当权者更没有底气去追求平等。

而深渊之下，是一条通往无尽恐慌的不归路——敌人们依然会源源不断、纷至沓来。在全球化发展程度较高的背景之下，以贸易保护手段来保护本国相关产业就业的措施往往收效甚微、不够彻底。产业转移的步伐虽是亦步亦趋，但并不会因为贸易停止而在全球停滞。20世纪七八十年代，韩国的纺织业遭遇了美国的重重关税打击。为应对这一危机，韩国将本国纺织业转移至孟加拉国，一方面缓解了国家产业危机，另一方面又使得孟加拉国成为全球第二大成衣出口国。而此时，孟加拉国取代了韩国，用自己低成本的优势向美国纺织市场发起了冲锋。因此，贸易保护阻碍不了产业变动，更无法挽救输家的困境。深渊之下，难有上岸的解药。

● **远离深渊，少不了回眸与自省**

不被深渊凝视，或许需要远离深渊，而非在深渊前等待解药。毕竟，深渊之前，再强大的底气也难挡坠落的恐惧。

当权者最终选择了凝视深渊，自是少不了"经之以五事，校之以计，而索其情"的求索和论证。但是，站在深渊之前，逃离恐惧的急切，或是对政治锦标赛胜利的渴求，是不是蒙住

> 取消自由贸易，与我们所期待的平等大相径庭。贸易保护会损伤消费者的福利，打击本国其他产业的发展动力；最关键的是，禁止自由贸易并不能从根本上解决产业结构升级所带来的失业、不平等等问题。
>
> The abandonment of free trade marks a significant departure from the equality we have come to expect. It undermines consumer welfare and erodes the incentive to develop other industries in the country; most crucially, banning free trade does not fundamentally solve the problems of unemployment and inequality, which are brought about by the upgrading of the industrial structure.

了回视的双眼呢？自由贸易真的有如此大的力量去打破平等的秩序吗？

因此，与其抱怨坠入深渊的不幸，不如回眸自省、向内探求，寻找转变的动因。当权者们或许忽略了这一事实：一国经济进步的过程中，产业结构这趟列车亦行驶在升级的轨道之上。那些被社会财富遗忘的低技能工人，正是列车错过的旅客——产业结构总在升级的路上，总有劳动力会面临淘汰的风险。因此，如果仅仅诉诸自由贸易的罪恶，这样的方案，对于塑造理想的乌托邦而言，不够深刻，亦不够体面。

列车虽然无法回头，但是错过的"旅客"们却可以再出发，寻找新的旅程。国际劳动力的流动，有助于实现"各得其所"的平等。已经完成转移的产业中的工人，或许可以去国外寻找新的机会——这需要设置较为完善的劳动力流动机制，促进地区间劳动力交流。例如建立国际通用标准的劳动力技能资格认证，制定更为灵活的中长期签证制度，让旅客们启程无忧、落地无怨。

或许有的旅客因为种种原因，难以再启程，但是即使留在原地安居，亦可创造新的风景。对于特定产业、地区和劳动力来讲，劳动力流动本身不可行，相关传统产业也难以完全向国外转移，但差异化、创新化的品牌塑造或许能够充分利用劳动力，并顺应需求结构升级的趋势，提升传统产业的附加值，增加这部分劳动力的收入。品牌塑造需要的劳动力技能培训，相对于技术进步的技能培训，其成本较低且操作灵活，正如越来越多的农民能够参与到网络直播中销售新鲜农产品——即使停留在原地，亦可创造新的风景。

> 一国在产业结构升级这趟无法回头的旅程之中，或许只有向内探求、寻求自身的创新，坚持久久为功的长期主义，方能点亮乌托邦的星芒。
>
> In this irreversible journey of industrial upgrading, perhaps the only way to light up the future is to focus on our own country, seek innovation and stick to a long-term doctrine.

● **长期主义背后，是乌托邦真正的星芒**

产业结构升级或许本就是一趟孤独的旅程——人群熙熙攘

攘，有人亦步亦趋，也有人渐行渐远。若想登上这趟列车，便少不了教育的加持。但是，值得反思的是，当前的教育又是否能够跟上技术升级的步伐呢？尤其是基础阶段、中级阶段的教育，是否因为面临应试、内卷的压力而缺乏对时代新信息的传递呢？现在教育所培育的人才，应是未来经济发展所需要的人才。而对于这些低技能的劳动者，政府机构是不是能够将他们的技能培养转向经济结构升级所需要的技能培养？或者是否能够努力将劳动力的平均素质线再向上拔高，减少低技能工人的占比呢？

这些并非当权者所始料未及的。教育这样的民生工程，需要久久为功的耐心和毅力，但是政治锦标赛的深渊早已吞噬了当权者的恒心——一句"贸易战"能够让就业率提高，获得选民的支持，自然不需要等待长期投资的回报；或许只要在地方上引进几家企业，就能够在任期内拉高经济增速，从而获得个人晋升的机会，自然没有人去在意地方的长期发展。然而，对乌托邦真正要义的考量却总是不被重视，例如鼓励健康向上的生活方式和社会保障，又或者科教文化的普及和终身学习的熏陶。因为只要不损伤社会福利、达到最低标准，当权者便可大获全胜，谁又愿意去等待那需要久久为功的星芒呢？

政治锦标赛的陷阱，看似让乌托邦的理想闪耀着切实可见的希望，但是当它成为当权者的武器，其背后真正的星芒就会被短视裹挟，最终使得社会陷入短视的深渊。所以，逆全球化的趋势之下，我们需要考虑贸易自由化最终会走向何处。在这场追寻乌托邦的漫漫征程之中，有多少长期主义会成为政治家们战斗的武器？有多少美好的乌托邦设想能被体面地演绎？请拭目以待。

当我们乘着贸易之船前行

As We Ride the Trade Ship…

○文　王曦池

> 在电车悖论中，司机为了救一部分人，扭头撞向了另一群人。取消自由贸易的结果无异于此。
>
> The trolley problem indicates a scenario where the driver slams into one group of people in order to save another. That is the same logic behind the abolition of free trade.

过去的几千年里，世界载着它背上的人，平静地行驶在水波不兴的海面上，间或有微风徐来，却不足以改变这庞然巨物的节奏。而自从哥伦布的船队从西班牙巴罗斯港驶出，全球化的贸易便开始掀起狂风巨浪，以一种前所未有的强大势头试图打破世界的惯性。"打破惯性"听起来是个简单的动作，实则牵一发而动全身，贸易中所有被歌颂的利，或是被腹诽的弊，都围绕着这种惯性展开。

那么，惯性是什么？

● 惯性："我现在就挺好的"

心理学用"现状偏好"来描述这种惯性心理，简单来说，就是"我现在挺好的，不用去改变"。这种现象，广泛存在于决策之中，同样也很容易解释贸易中的惯性从何而来：

对于劳动者来说，这种惯性源自修习数年的知识、耕耘大半生的事业和祖辈生活的家乡。沉没成本实在太大，所以无论是内心欲望，还是外部环境，转变的诱惑往往不足以撬动它，于是他们在跨地区行动时反应迟缓，在从一种工作换到另一种工作时思虑良久。对于资本来说，决策者同样偏好现状，毕竟拥有稳定的投资方向，何必多此一举去做劳神费力的高风险实验呢？于是——

"就算现在的职业发展不是我想要的，我也还是想保持现状。"

"就算我不满足于现在的投资收益，我也还是想这样投着。"

鉴于各种各样的惯性，劳动、资本总是被一股力牵制向后，于是它们的行动总是那样的低调，然而贸易掀起的狂风巨浪又以一种不可阻挡的趋势拽着资源向前流动。这一前一后的拉扯，上演了资源在贸易冲击下的"悲剧时刻"——普遍存在的失业、财富流失，进一步扩大了贫富差距，导致不平等加剧。当我们面对自由贸易带来的种种恶果时，或许会产生这样一个想法：抛弃贸易，我们可能会变得更好。

> 放弃贸易不仅有害，而且那些被我们腹诽的弊端，并不能因此被根治。一方面，贸易为规模经济提供了生存的土壤，我们得以以越来越低廉的价格享用越来越丰富的产品。另一方面，用贸易解决失业问题，会让曾经生活顺遂的人们陷入同样的泥沼。
>
> Moving away from trade is not only harmful, but also fails to address the negatives that we have complained about. On the one hand, trade fosters economies of scale, enabling us to enjoy a wider variety of products at lower costs. On the other hand, relying on trade to solve unemployment issues can leave those who once lived comfortably facing the same dilemmas.

● **不贸易，我们会更好吗？**

我们的生活看起来离不开自由贸易，连一向推行贸易保护政策的美国也不例外——美国居民身上的T恤大多来自中国，圣诞节的装饰离不开义乌，日韩汽车占据汽车市场的半壁江山。但或许，贸易的重要性远没我们想的那样高。对美国、中国这样的大国来说，国家科技发达，资本丰富，有能力生产我们所能看见的任何一种产品，满足国民的任何需求，那么，我们能从此自给自足，"闭关锁国"吗？

答案是否定的。当我们判断某种产品的生产可能性时，不能简单看技术可能性，即"企业能不能生产"，更重要的是考虑经济的可能性，即"市场让不让生产"。小不一定等于美，企业只有在具备一定规模时才能雇佣专业的工人、使用专门的机器，从而提高生产率、降低生产成本。但企业规模的扩大依托于它的市场，孤立的社区不可能出现高产的企业。放弃国际贸易，意味着产品的市场缩小为一个国家，在规模经济的影响下，制造的品类越多，每一种产品的价格就越高。就像芬兰、瑞典、丹麦、挪威这些北欧国家，虽然拥有足够发达的市场，但过少的人口意味着我们习以为常的那些产品无法在这些地方实现自给自足。所以，即便技术上可行，市场也不愿意为昂贵的产品买单。

贸易对保障市场活力与国民生活水准的影响如此之大，这让我们不难理解，贸易制裁往往是国际交往中一种极其严厉的惩罚措施。有研究通过计算得出结论：过去经济制裁造成的总影响比人类历史上所有大规模杀伤性武器带来的总影响更为致命。"胖子"和"小男孩"这两颗原子弹杀死了12.5万人，越战中投放的"橙剂"造成40万人死亡，其他化学武器造成的伤亡也相当大。然而仅针对伊拉克的制裁就造成至少23.9万5岁以下儿童死亡——食物价格上涨、医疗资源匮乏，"温水煮青蛙"式的制裁反而破坏性更大。这样看来，放弃贸易会使一个国家蒙受相当大的损失，那么我们在承担了如此大的代价之后，能达到我们的预期——增加国内就业机会吗？

在回答这个问题前，我们不如先从"国际贸易"的本质这一角度看看它的可行性。国际贸易是不同国家（地区）之间商品、服务和生产要素之间的交换。而当我们去掉"国际"这个定语，逐步缩小比例尺时，我们会发现各省各市各家各户之间都存在相同形式的交换——国有国法，家有家规，每一层面上的贸易本质上都和国际贸易没什么两样。所以通过放弃贸易实现预期，就像是抽刀断水，用的力气越大，那些负面影响便越是弥漫开来。

此外，贸易也并不是失业问题的症结。在美国那些贸易反对者眼中，贸易冲击造成本国产业工人的大范围失业，于是他们常常想：如果我们能自己生产衣服和鞋子，这将创造多少就业岗位呀！但真实结果并不是这样：奥特尔对中国冲击的研究显示，贸易更可能是将就业进行重新分配，而非改变了就业总量。当我们停止贸易，那些渴望工作机会的进口部门的确会变好，但同时，曾经生活顺遂的出口部门又将陷入同样的泥沼。用贸易壁垒解决失业问题，就像在电车悖论中，司机为了救一部分人，扭头撞向了另一群人。

所以，贸易争议的两端好比铁轨上两个不同方向上平等且无辜的人，没有哪个是理所应当被牺牲的。正如电车悖论所揭示的事实，在贸易中，我们同样无法作出绝对完美的选择。

● **镇痛贸易的阵痛**

上面的分析似乎让贸易变得无解。一方面，贸易有其存在的必然性——放弃贸易不仅不是解决恶果的真正解药，而且有害。另一方面，贸易的确创造出一个更不稳定的世界。工作突然消失却又出现在千里之外，而惯性扯住资本、劳动力的流动，导致在世界前进的过程中，总有人掉队。对于这些贸易中的受损者——营养不良的孩子、失学的学生、酗酒的下岗工人来说，贸易的破坏性已经展现得淋漓尽致，我们无法心安理得地、不负责任地说着："看，我们都有美好的未来！"

但或许，现实世界并不像电车悖论般残酷，只容得下非此即彼、你死我活。对于贸易，我们也许可以做得更好。

缓解不幸的最佳方法是帮助那些直接受到冲击伤害的个人。逐步扩大保障项目，对个人更大方，让审批更容易，从而对已经发生伤害的方面——子女教育、住房、医疗、食品安全，提供切实的帮助。除此之外，赋予劳动者在贸易时代立稳脚跟所必备的技能显得格外重要。对于美国而言，社区大学就在为就业者提供教育和发放文凭方面扮演着很重要的角色。拜登政府推行的《美国家庭计划》预期将使社区大学入学率提高18%。这份计划呼吁通过国会立法，允许学生免费入读社区大学，目前美国已有25个州实施了该项政策。而另一种措施是对受损的企业进行补贴，从而尽量保留下大量工作岗位，防止企业分崩离析，帮助企业熬过必要的转型期。

最后再让我们回到我们的题目——《当我们乘着贸易之船前进》吧。在贸易降临世界之前，各国具有自己的禀赋，可以说这种禀赋是完全随机分配的。在世界连成一个整体之前，各国凭借自己的禀赋，达到了不同的发展阶段——非洲还在过着狩猎采集的原始社会生活，拉丁美洲建立了原始的奴隶制王朝，中国在封建社会里男耕女织，而欧洲各国率先进入工业化。各国发展看似是不同步的，是不平均的，各国的经历也是不相同的，但所有种种，依旧是建立在禀赋上的"百因必有果"。在贸易之前，各个国家都基于禀赋，以一种"生活惯性"向前发展。而贸易，凝聚了全球各国禀赋的力量。这一强大的力量，打破了数千年积累的"惯性"。

贸易掀起风浪，海面受到冲击，世界起起伏伏，重新构建其中的方方面面。当前，以及未来很长一段时间内，世界都将处于贸易冲击后新一轮惯性重建的过程中。但就像忒修斯之船一样，那时的世界——一个拥有贸易的世界，看似相同，却早已是个新世界。我们或许不是新世界中的胜利者，但乘着忒修斯之船，顺着时代的洪流前进，我们距离我们的起点也已走出了很远很远。

寻找贸易悲喜的平衡点

Seeking the Balance Between the Cons and Pros in Trade

○文 林伊漩

> 大部分经济学家眼中的国际贸易是一个全民的舞台：不同的人，不同的技艺，相同的聚光灯与掌声。他们没撒谎，可问题是，这样的美好只出现在虚拟的模型世界，单纯而美好。
>
> Most economists view international trade as a national arena: different people, different skills, under the same spotlight and receiving applause. They aren't lying, but the problem is this: Such beauty appears in the virtual model world, pure and beautiful.

● 蓝领之痛

2008年的冬天，皑皑白雪将美国工厂里加速蔓延的铁锈衬得愈发斑驳。12月23日这一天，通用汽车正式宣布关闭俄亥俄州代顿郊外的工厂，当地裁撤了超过1万个岗位。蓝领工人们离开时的脚步异常沉重，三三两两摇头叹息。他们比谁都清楚，工人的黄金时代结束了，他们将从此脱离中产阶级，身上的债务会让他们在生活边缘线上苦苦挣扎。

确是如此，直到8年后玻璃大王曹德旺在此地建厂，当地1000多名工人才终于回到了工作岗位上。这些蓝领工人，以前在通用汽车工厂的时薪是29美元，如今在福耀仅有13美元。工会想为他们发声，结果1500余名美国工人投出了444票赞成和868票反对，这宣告了工会的失败。"没办法。"蓝领工人无奈地想，"福耀的薪资虽比不上通用汽车工厂，可至少，我们并没有失业。"

美国的这些蓝领工人是国际贸易里的一批输家。外国工人"抢夺"了他们的饭碗，导致国内制造业岗位数量不停萎缩，国外厂商的竞争压低了他们的收入。他们被排除在主流社会之外，政治诉求被忽视，他们无法在如今的经济格局中找到容身之所。在他们眼里，经济全球化的全民福利是执政者与精英阶层精心编织的骗局，国际贸易最终只填满了那些西装革履的金融"才子"的钱袋。看到他们的悲剧，我们不禁要想：难道国际贸易在塑造群星闪耀的世界版图的同时，也将我们带进了一个残酷荒芜的时代？

> 倘若我们更在乎的是现实，那贸易就像是一场赢者的狂欢，狂欢的角落积压着落寞群体的悲伤。
>
> If we focus more on the present reality, then trade appears more like a carnival of winners, with the invisible corners of the carnival filled with the sadness of vulnerable groups.

● 贸易带来的与造成的……

《伟大的贸易：贸易如何塑造世界》讲了一个故事：古希腊土地贫瘠，大部分城邦都在饥荒的边缘求生，如果依靠自己国土上的农场来种植粮食，连自给自足都做不到。

幸好希腊也有自己的优势产物——葡萄酒和橄榄油，于是聪慧的希腊人民就生产了过量的葡萄酒与橄榄油，与海外其他国家进行贸易，来换取小麦和大麦。贸易就是一件这么自然的事，它与食物、居所、友情和爱情一样，都源自人的内生性本能。大家拥有的东西不一样，制造东西的能力不一样，想要别人手上的东西怎么办呢？对了，交换。有了国际贸易，各个国家就能充分利用本国丰裕的生产要素，发挥自己的比较优势进行生产。规模大了，生产的平均成本就下降了。国际贸易提供了合作的平台，使得全人类都能享受到最新的文明成果，也提供了竞争的赛道，各国为了在这场马拉松中领跑，都在相互借鉴并追求自身创新，再也不会做"天朝上国"的黄粱美梦了。

从翻山越岭的陆路运输，到乘风破浪的海路运输，从撒马尔罕到亚历山大，从伦敦到新阿姆斯特丹，我们看到国际贸易的网络越织越广。从扼守着波斯湾入口一道窄窄海峡的航标，到贸易政策成为政客们手上的一颗棋子，我们也发现了国际贸易的底盘好像在摇晃。

自由贸易反对者给的理由一般是贸易给当地弱势产业带来了毁灭性的打击。发达国家的制造业就是典型的例子：同样质量的产品，在德国生产需要5欧元的成本，而中国有廉价的劳动力，制造成本只需要2欧元，那制造业岗位肯定会流向成本更低的发展中国家，导致发达国家的工人失业，也就有了我们一开始看到的"蓝领之痛"。自由贸易大刀阔斧进行产业结构调整，弱势产业受到很大的负面冲击，从业者面临着巨大的挑战。

然而，"毁灭"一定意味着灾难吗？经济学家熊彼特有个著名的观点叫"创造性毁灭"，他认为结构的创造和破坏不是主要通过价格竞争而是依靠创新的竞争实现的，每一次大规模的创新都会淘汰旧的技术和生产体系，并建立起新的生产体系。电灯刚被发明出来的时候，肯定也造成一批蜡烛工人失业，但人们拒绝电灯了吗？显然没有。因为电灯代表了更高的生产率，高生产率帮助无数人脱离贫困，让人们过上了更便利的生活，这实际上是一种更深层次的人道主义。在一个国家是这样，在全球范围内又何尝不是如此呢？

通信技术的普及与运输成本的下降使得供应链国际化、全球生产碎片化。经济全球一体化打破了生产的国家壁垒，从根本上重塑了工业。因此，产业结构冲击与其说是贸易带来的，不如说是科技进步影响下的必然。金伯莉·克劳辛在《开放：美国贸易保护的反思》一书中指出"制造业88%的工作岗位的消失都拜科技变革所赐"，科技变革比贸易更容易使低技能工人福利受损和收入两极化。无法适应的，终将被淘汰。任何产业都有高光时刻，也必有衰败之时，这是自然生存法则，也是经济的运行规律。红利与灾难，都是"皇帝轮流做，明年到我家"罢了。就算没有自由贸易，国内重复劳动的工作也会慢慢由机器接手，就业也会慢慢重新分配。

> 平衡贸易的悲喜，从善待输家做起。再分配、再安置和再培训可能是帮助贸易输家的可行且有效的做法。重要的是，对那些不幸者，我们每个人都应同样怀有尊重之心。
>
> Balancing the joys and sorrows of trade starts with treating those who lose out well. Reallocation, relocation and retraining may be feasible and effective ways to assist these individuals. Importantly, every one of us should respect the unfortunate just as we respect anyone else.

● **从善待输家做起**

既然国际贸易不可能做到人人都是赢家，那我们要做的是确保没有那么多的输家，或者是，让输家输得没那么惨。贸易悲喜的平衡点在输家身上，善待输家具体该怎么办？答曰："三再"（3R）——再分配（Reallocation）、再安置

（Relocation）与再培训（Retraining）。

再分配——赢家通过贸易获取更多福利是建立在输家失去了一些利益的基础上的，这对于输家来说是残忍的。如果能让输家也分享到贸易的果实，这种不公现象便会大量减少。国家可以通过收入再分配的形式对贫困人民进行生活补贴，向受到贸易负面影响的工人进行额外补偿，兜住他们生活的底线。同时，失业保险制度也是人们安全感的来源之一。中国在1986年建立的失业保险制度帮助过很多流离失所的工人，但是该制度现在还存在着覆盖范围较窄、给付标准不合理、基金投入少等缺陷，在促进再就业和防止再失业方面的作用也不强，还有调整完善的空间。

> 国际贸易中，不可能人人都是赢家，寻找平衡点就显得尤为重要。
>
> Since it is impossible for everyone to win in international trade, it is particularly important to find a balance.

再安置——浙江省湖州市织里镇目前拥有各类童装工商注册体1.4万余家、电商企业8700余家，2021年生产各类童装15亿件（套），年销售额超700亿元，占中国童装市场的三分之二，这是常见的产业集群现象。

产业集群带来品牌效应与规模经济效应的另一面是剥夺了该地区经济发展的多元性。一旦该产业受到冲击，区域经济就容易出现整体的崩盘。正如两位诺贝尔经济学奖得主——阿比吉特·班纳吉与埃斯特·迪弗洛在《好的经济学》一书中提道："令人惊讶的是，这些苦难最终竟然在地理位置上如此集中。被遗弃的人民生活在被遗弃的地方。"地区改造与产业转型是周期较长的工作，在那之前，当地工人先去外地寻找就业机会是一个更好的选择。

但是对失业工人而言，搬迁费用是一笔不小的负担，他们可能不是不想走，而是根本走不了。政府可以提供搬迁补贴，帮助他们到新的地方生活和工作，鼓励失业工人到本国的出口行业进行再就业。中国的户籍制度也在一定程度上削弱了经济要素的自由流动，"城市关门"现象给劳动人民在新城市落户制造了一定的阻碍。若能适当进行政策调整或者政策补充，就可以减少失业工人再安置的困难，提高国内工人的跨地区流动性。

再培训——倘若世界的运转是这般丝滑：每个人都有"十八般武艺"，能够随心所欲换工作，从写作转向编程，从草原放牧转向舞台演出，想辞职就辞职，同时新企业不断诞生、崛起、失败、消亡，更时髦、更卓越的创意层出不穷，那自由贸易对个人与社会几乎不会造成伤害。然而，残酷的现实是，贸易后的资源重新配置需要一段时间，企业面临进入退出障碍，投资者不愿承担风险，工人难以学习新技能并转向出口行业……

已有技能与新工作所需技能不匹配是失业工人再就业的一

大难题，因此政策制定者提供再就业的技能培训就显得非常必要。技能培训要保证有足够高的覆盖率，让想学新技能的失意者都有机会；同时也要注意合理设置课程的时长和难度，太简单提高不了他们在劳动力市场上的竞争力，太难则会打击工人的再就业信心，使他们产生畏难心理。另外，考虑到失业的女性寻找工作会有更大的阻碍，可以单独帮助贫穷地区的女性搬迁到城市，并对其进行职业培训。

在"三再"之外——值得注意的是，除了政策上直接的支持，我们更需要体察这些自由贸易全球化下的不幸者面对再安置和再培训的抵触与不适感。很多时候流动性并不是所有工人的理想方案，有的人就是眷恋故土，有的人就是认为原有工作可以给自己带来自豪感和认同感。不幸者也有尊严，失业者也需要有价值、有意义的工作。如果一个社会体系以麻木不仁的态度去对待需要帮助的人，那无异于惩罚受助者。我们帮助一部分人进行转型改造，寻找令他们满意的新工作，也应该尊重自愿被时代"落下"的那一小群人，允许他们留在原地守护传统手艺。

行文至此，我们可以回答一开始提出的问题了。国际贸易有喜也有悲，在这个过程中确实会出现一些输家，但说其"残酷荒芜"还是言过其实了。社会进步的过程势必会损害一部分人的利益，我们没必要去刻意放大，但是自然也不能忽视这种苦难，而应该去寻找能平衡贸易悲喜的点。国家政府可以采取一些措施来帮助这些贸易中的输家，如实行再分配、再安置，通过技能培训帮助失业者再就业，等等。重要的是，对那些不幸者，我们每个人都应同样怀有尊重之心，"在这个变化和焦虑的时代，社会政策的目标是帮助人们吸收那些影响到自己的冲击波，而不是让这些冲击波影响自我意识"。

总之，只要我们能不忘来路，前路中的浅滩暗礁便不足为惧。我们还有很多要做，但只要我们了解目标是什么，就一定会越来越好。

自由贸易，不只有赢家和输家
Free Trade, not just Winners and Losers

○文　姚永健

> 我们的世界似乎是一个永不平衡的天平——天平一侧的跃升，离不开另一侧的负重。在自由贸易的世界里，我们有办法让每个人都受益吗？——目前流行的答案是，由于自由贸易带来总产出增加，只要设计一个足够精准的再分配机制，每个人就都能够变得更好。
>
> Our world seems to be an imbalanced scale – a jump on one side of the scale cannot be achieved without a load on the other. Are there ways we can benefit everyone in a world of free trade? The popular answer is that, since free trade increases aggregate output, everyone can be better off if a sufficiently precise redistribution mechanism is designed.

1815年，在土地贵族与农场主的施压下，英国颁布了第一项谷物法，禁止价格低于80先令每夸克的谷物的进口，掀起了土地贵族与反谷物法同盟间长达30年的轰轰烈烈的斗争，最终的结局是谷物法被废除；二战后，欧洲为了保护本土的养鸡场，对从美国进口的鸡肉加征关税，致使美国出口至欧洲的鸡肉量锐减25%，作为反击，1963年，美国总统林登·约翰逊宣布对从欧洲进口的轻型卡车加征25%的关税，成就了一个对进口车征"鸡税"的奇葩案例；2018年3月，时任美国总统的特朗普在钢铁工人的簇拥下签署命令，宣布对进口钢铁和铝加征关税，同年4月发布关税清单，对从中国进口的500亿美元商品加征25%的关税，掀起了中美贸易战……历史长河里，在国际贸易这片不见硝烟的战场上，关税一次又一次地成为贸易保护的趁手兵器。然而，"天下熙熙，皆为利来；天下攘攘，皆为利往"，贸易在大多数人眼中原本就是双方你情我愿的经济活动，其为何有如此之大的争议，甚至成为国家之间博弈的焦点呢？

贸易领域的学者们，也热衷于寻找这个问题的答案——18世纪英国经济学家李嘉图从比较优势的角度切入，生动地向我们展示贸易会同时增加两国的福利，欢喜地向世人宣告："贸易是有益的！（Trade is good！）"可是，当学者们将目光放到贸易带来的分配效应时，脸上的神色似乎沉重起来：特定要素模型指出，从短期效应看，每个国家出口部门的特定要素会从贸易中获利，而进口竞争部门的特定要素会从中受损。斯托尔帕-萨缪尔森定理告诉我们，在长期各种要素均能流动的情境下，贸易将会使一国出口品中密集使用的要素受益，而使进口品中密集使用的要素受损。举个例子，在资本丰裕而劳动力稀缺的美国，贸易会导致资本家获利而工人受损。对贸易分配效应的研究，向世人承认"但它可能会伤害一部分人（But it may hurt somebody）"，也为贸易保护主义找到了架枪的脚架。

> 然而，理论的童话终究没有在现实中上演。在现实世界中，各国的再分配实践似乎只是杯水车薪：收入差距仍在激增，反对自由贸易的呼声日益高涨。我们的剧本在哪里出错了？
>
> However, the theoretical fairy tale did not play out in reality after all. Countries' redistributive practices appear to be a drop in the bucket in the real world: Income inequality is still soaring, and opposition to free trade is growing louder. Where did our script go wrong?

● 我可能没有你想象中那么美

经济学家、社会学家帕累托先生若听到这个百年后的议题，或许会会心一笑："问题很简单。无可非议的是，在每个模型中，自由贸易都增加了总量的产出，只要通过恰当的社会再分配，从受益群众中让渡一部分利益以弥补受损群体，便能让每个人的境况变得更好，实现潜在的帕累托改进。"也就是说，只要设计一套足够精准的社会再分配机制，便可通过自由贸易实现总量增长，同时，每个人都能够成为贸易的赢家。

写到这里，经济学家便心满意足地放下纸笔，毕竟后面的故事就是政策制定者的舞台。然而复杂的现实世界，真的能像理论公式说的那般优美吗？

在美国，用于援助因贸易而失业的工人的贸易调整援助计划（TAA），是美国对贸易的分配效应作出再分配调整的重要一环。实证表明，与过去相比，受国际贸易影响的通勤区在公共项目上收到了更多的拨款，然而这似乎是杯水车薪：影响最严重的通勤区人均收入下降了549美元，而受影响最小的通勤区人均政府福利支出仅上升了约58美元，其中来自贸易调整援助计划的补贴仅有23美分。对受损要素的补偿，远低于实现帕累托改进的条件。请深吸一口气，再看看中国的情况。劳动力是我国的充裕要素，也是定理预测的受益方，而作为受益方的劳动者，其福利是否真的提高，中国的收入差距真的像定理说的那般缩小了呢？数据显示，中国自改革开放以来，国内收入差距不断扩大，基尼系数已经突破0.4，低技能的劳动者工资收入增幅不如预期。

现实给我们浇了一盆冷水——发达国家未能通过再分配机制有效保障受损要素的福利，落后国家希望通过国际贸易降低国内不平等程度的童话也未能如期上演。

● 谁在修改我们的剧本

理论上的美好结局迟迟未见踪影，不禁让人追问：是谁在修改我们的剧本？换句话说，为何现行的再分配机制未能实现帕累托改进，让每个人都成为贸易的赢家呢？

首先，我们必须清晰地认识到，在分配效应这个篇章中，自由贸易并非唯一的主角。换句话说，贸易并不是劳动力市场被削弱和收入不平等的始作俑者。迈克尔等研究者的一项研究得出惊人的结论：制造业88%的工作岗位的消失，都源自科技改革及生产效率的提升。技能偏向性的科技改革，削弱了对低技能工人的劳动需求，这在一定程度上解释了中国持续加剧的收入不平等及劳动份额下降的现象。当然，这并不是宣告自由贸易"无罪释放"，有观点指出自由贸易加速了科技的全球扩散，且贸易带来的竞争压力提升了跨国公司的创新意愿。

其次，关于劳动力流动性的假设，与现实相差甚远。劳动力并非像模型假设的那般完全流动，诺贝尔经济学奖得主克里斯托弗·皮萨里德斯（Christopher A. Pissarides）在上海交大演讲时表示，住房成本、福利无法转移及教育不足这三大因素是制约劳动力跨行业、跨区域流动的主要因素。此外，劳动技能差异、信息不对称、劳动者风险规避偏好，乃至劳动者的传统家庭观念加剧了劳动黏性。

最后，模型中一些被省略的现实特征，对国际贸易的分配效应有着不可忽视的影响。自由贸易促进了产业的集群化，同时也能更好地发挥规模经济效应，然而面对贸易冲击时，集群化的产业却容易引发连锁反应。因贸易而失业的工人的消费能力大幅下降，可能导致周围餐饮业与服务业生意的衰退，资金的流动减缓，片区的房产贬值，政府财政收入下降致使公共事业支出下降，营商与投资环境进一步恶化，更多企业宣布退出，产业逐渐空心化……铁索连舟固然能使行船如履平地，但面对熊熊烈火，谁又能独善其身？除此以外，法律制度保障的不足也难辞其咎。部分欠发达国家的劳动力密集型企业，利用工人们信息不对称及现行法律制度下雇佣关系地位的不对等，压低或拖欠员工工资，使其未能获得应有的福利报酬。

由此看来，通过合适的再分配机制让每个人成为贸易中的赢家的实施途径似乎遍地荆棘，困难重重。现实与理论的巨大反差，不禁让人萌生了废除自由贸易、乘坐时光机回到自给自足时代的念想。

> 废除自由贸易，真的能改变现状吗？——答案是否定的。贸易自由化的进程，既是不可逆的，也是不能逆的。
>
> Does abolishing free trade really change the status quo? The answer is no. The process of trade liberalization is both irreversible and costly.

● **自由贸易是一张单程票**

然而，自由贸易似乎是一张单程票：一旦列车开始前进，我们就踏上了一趟一去不复还的旅程。

首先，贸易自由化进程是不可逆的。产业链、供应链和价值链的全球化已经把各个国家紧密地联结在一起。有研究表明，如果将跨国企业与行使国家权力的政府都视为经济体，那么前100大经济体中有70个是跨国企业，只有30个是国家，"全球制造"和"全球生产"是不可逆的大趋势。在资本全球逐利的大背景下，国际自由贸易与国际分工能够有效降低生产成本，同时促进信息技术的交流传播，让企业低成本地通过全球的资源配置实现价值创造的最大化。从这个意义上讲，任何逆全球化的经济活动都不可能是自发进行的，它是不可持续的，并不能从本质上破坏自由贸易的进程。

其次，贸易自由化进程也是不能逆的。从技术上，完全废除自由贸易是不现实且成本代价极高的。尽管加征关税、设置大量贸易壁垒能一定程度保护本土就业，但招来的往往是贸易国的反击性关税。谁能知道新的本土就业岗位与本土出口企业的倒闭，哪一个来得更快呢？再进一步地讲，谁能拍着胸口保证，废除国际贸易之后，那些因自由贸易而受损的要素，就一定会变得更好呢？在关于自由贸易的争辩中，贸易带来的消费品价格下降往往被激动的人们忽视。弗拉恩等人研究发现，对外国洗衣机征收的关税的增加，导致洗衣机的价格上涨，无论是外国生产的还是国内生产的洗衣机，其价格的涨幅与关税的规模相称。此外，烘干机作为洗衣机的互补品，其价格上涨幅度大致相同。而低收入和低财富的人群，恰恰在消费支出比例上远高于高收入人群。于是，废除自由贸易，可能引发消费品价格上涨，而首当其冲的便是低收入群体——那些废除贸易政策最想保护的群体。

写到这，我们似乎陷入了一个两难困境：回头的路已经无法踏足，前路又布满荆棘。

> 如果仅仅沿着收入这条单一的价值维度思考，这道题注定无解。但是，假如我们退后一步，放大价值的内涵空间，故事或许会演绎出不一样的结局。
>
> If you follow the single value dimension of income alone, the problem is doomed. However, if we step back and broaden the value of the connotation space, the story may come to a different ending.

● 后退一步，让我们跳出零和博弈的圈子

在关于自由贸易的争论中，我们一直紧紧盯着收入这一"最终目标"。于是乎，我们似乎陷在零和博弈的思维怪圈中——我的收益，必须建立在你的损失之上。

既然通过收入分配实现潜在的帕累托改进在现实生活中实施起来困难重重，那效用呢？经济学的一大魅力在于每个人的效用虽然会随着收入的增加而增加，但效用并不等同于收入，还取决于每个人的偏好和倾向。美国政治哲学家罗尔斯认为，在正义的制度下，面对经济和社会上的不平等，"人们能合理地指望这种不平等对每个人有利，而且地位与官职对每个人开放"。生活中赢家和输家并不少见，比如说，一场电子竞技游戏总会产生赢家或输家，但为何一局终了，无论是赢家还是输家，都欲罢不能呢？除了游戏对局能给人带来念念不忘的酣畅

淋漓之愉，还有可能使人产生"我要成为赢家"的跃跃欲试之感。倘若在规则公平的前提下，每个现在的输家都有渠道凭借自己的努力改变现状，赢得畅快，输得顺心，那么游戏仍将继续。

放眼现实，或许自由贸易确实带来分配效应。然而，在保障贸易受损方基本需求的前提下，针对其创造或提供平等的跃升渠道，才是惠民利民政策的题中之义。从微观个人角度，在保障衣食住行基础需求的前提下，提供合适的再就业教育平台，为贸易受损方提供跃升的阶梯；从宏观环境上，优化户籍流动制度以减少劳动力流动摩擦，同时，推动产业转型升级与打造本土品牌，为劳动者提供更为稳定且有前景的岗位。

假如有一天，尽管我因为贸易冲击而失去手上的工作，我也能够从容不迫，因为当下住房、食物有基础保障，我的孩子也能正常接受教育，我愿意暂时咬紧牙关，接受政府为我提供的再就业劳动教育，我也有信心，待我习得专业技能时，能够找到一份全新且稳定的工作，改善生活。尽管我的收入不高，但在家人与朋友的陪伴下，我感受到自己的价值，幸福而满足——或许这是许多因贸易而失业的人真正期待的画面。

电影《查理与巧克力工厂》中，查理的父亲是一名收入微薄的牙膏厂工人，有一天他的工作被机器人取代了。妻子得知后从未抱怨，边忙着准备伙食边安慰丈夫，而查理的祖父母和外祖父母加起来381岁了，他们挤在一张床上，依然乐在其中。查理从小没有玩具，没钱去游乐场，但他从不自卑，他将爸爸从牙膏厂带来的废弃盖子攒起来，最终做了一艘漂亮的大航模。或许这一家人在物质上并不富裕，但在精神上是富足的。

也许你会认为上述画面过于理想主义，实行起来困难重重——毕竟，政府、个人与社会的信息是不完全对称的，收入，或者说货币，作为统一的语言体系，与效用相比更容易定义目标。可是，我们与其将精力耗费在自由贸易的争端上，何不努力尝试一下呢？越难定义，越是考验政策执行者在实施政策过程中能否灵活应变，真正解民所忧——"困难，但并非不可能（Difficult, but not impossible.）"。

我们期待的，并非每个人收入相同。更现实的是，高收入者举家环游世界时，低收入者也能够在热闹的小家中其乐融融，消费着来自世界各地的商品，内心满足，对未来充满希望。二者的收入很容易比较，但二者的效用，则取决于每个人内心的效用函数……这时，或许我们可以宣布："贸易是有益的，且惠及每个人。（Trade is good, and for everyone.）"

天鹅学报
Swan Journal

千年商都养成记

经济史上，商业繁华的处所星罗棋布，但是只有一个城市被称为千年商都。

因奴隶贸易而兴的爱琴海提洛岛终因罗马人的入侵而衰，因地中海贸易而兴的威尼斯和热那亚因为大西洋贸易的崛起而遁入薄暮，因汉萨同盟而崛起的汉堡和吕贝克也因大航海时代的到来而沉寂。

唯有一个城市是一个例外。它的远距离商贸故事，从秦汉时期的桨声灯影里荡开，穿越两个完整的千年，一直讲述到万吨巨轮劈开的浪尖上。

广州城有2200年的历史，广州港的历史也恰恰是2200年。这是一座因贸易而生的城市，也是一座因贸易而兴的城市。因地处珠江入海口，不同于其他港口，2000多年来斗转星移，广州港在不同的地点延续着相同的繁荣。《千年古港　逐海而生》全景式地回顾了广州港绝无仅有的迁徙过程，港口与城市相互成全，相映成趣。这里既是千年古港，也是千年商都。

在漫长的2000多年里，广州作为商贸城市的高光时刻出现在1757—1842年的一口通商时代，在这期间主宰广州对外贸易的是一个叫作十三行的商帮。商人群体中总是不乏那些关于财富的传奇。在六位入选《华尔街日报》"过去1000年最富有的人"的中国人中，只有一位是真正的商人，他就是怡和行的第二代掌柜，曾经的十三行总商——伍秉鉴。《浩官伍秉鉴先生》以人记事，以故事投射品格，从小人物透视大时代。恬然的文字背后是波澜壮阔的85年，它是一个时代的缩影，也是广东十三行行商的集体肖像。

现在的十三行是一个地名，过去的十三行是一片商馆，是一个商人群体，是一种贸易体制。它有多耀眼，就有多落寞。《千年浩荡里，那一场百年跋涉》截取的依然是千年商都的这一片段，但是却传递出截然不同的情绪。文章从1856年的一场大火起笔，翻开了十三行繁华背后的悲情与怆然，以及它最终走向尘埃的宿命。但是，历史真正的价值不是回望过去，而是从中看见未来——当看不见的被看见，遗失的不被遗忘；商贸沃土颐养千年，新兴业态向阳而生——千年商都，便芳香如故。

在元代，泉州和广州都曾经贵为东方大港。商贸文化在广州城可以延续至今，但泉州此后再也没有找回马可·波罗笔下"刺桐港"的显赫。《刺桐和木棉：昙花一现与万古长虹》以春日烂漫的两种红花为寓，为这两座商贸之都找到了绝佳的意象。全文以轻快的笔触、犀利的比较分析，破解了这一对商贸双生花踏上千年殊途的偶然与必然。

无论哪个时代，商业都是广州人生活的一部分。《番鬼亨特在广州》以《广州番鬼录》和《旧中国杂记》两本书为依据，文笔轻灵如燕，生动地再现了晚清广州的市井生活和商贸文化。蒙太奇笔法和悠然叙事让文字极具画面感，仿佛带我们重回西关的寻常街巷，目睹昔日商业弥漫的百姓生活，是当代广州人对那个遥远时代最丰富、最有温度以及充满细节的诗意想象。

天下商旅，络绎不绝。一个城市以商业之名延续千年，其中必然有一种超越时空的隐秘力量。《广州的外贸基因》一文穿透历史的雨雾，将不同时代的商贸片段勾连拼接，从市舶使到朝贡贸易，从定期市到广交会，这些发生在相同的地点、不同年代的商贸形态彼此呼应，将广州的商贸基因展露无遗。此时此刻，这个古老的故事正在续写它新的情节。

商贸是广州城的初音，也是它的未来。

千年古港 逐海而生

Millennium Port, Trace the Sea for Prosperity

○文 鲁晓东

> 那一天，你在珠江边走了1万1000步，不为潮声，只为一首长歌，借此你穿越了广州港的千年浪漫……
>
> On that day, you took a walk of eleven thousand steps by the Pearl River, not for the sound of the tides, but solely for a long song. Through this, you experienced a thousand years of romance at the Guangzhou Port.

泥城、坡山、兰湖、东奥、扶胥、大通、风埔……这些陌生的地名在如今的广州城已难觅踪影，因时过而境迁，西场、惠福、流花湖、东濠、庙头村、花地、黄埔……是它们的现代名称。即使是土生土长的老广一时也不会将前者和广州港联系在一起，但这些略显怪异的名称的确曾经指向不同时代广州港的地理所在，如今却成了名副其实的珠江遗珠。

繁荣的商业需要发达的交通作为支撑，坐落在珠江三角洲中心位置的广州河海相接、水道密布。一座千年古港为这座岭南商都提供了最有力的注脚。如今谈及"广州是不是一个沿海城市"这个问题时，多少会让人们觉得有些困惑。但是，位于七星岗古海岸遗址的海蚀地貌保留着广州作为一个海港的古老证据。而世界第六大港广州港的存在，也足以证明广州是一座向洋而生的城市。

广州港由内港、黄埔、新沙和南沙四大港区构成，站在位于最南端的南沙港区溯流北望，稠密的珠江河道如毛细血管般铺展在珠江三角洲的土地上。作为中国水量第二大的河流，珠江以3360亿立方米的年径流量携带着滚滚泥沙一路向南、千年不改，把珠江三角洲以每年近10米的速度向南海推进。由此逆推，古代广州港的方位要比现在更加靠北。正是追随着海洋的气息，广州港历时2000多年，才来到它现在的位置——南沙龙穴岛。

东风西路的西场，是广州最有名的服装和电器商圈之一。此处距离最近的珠江西航道中的大坦沙直线距离约2公里。在秦汉时期，这里被叫作泥城，珠江古河道从此奔流而下直入南海，广州的古港记忆也是从这里开始的。相传因将南越并入大汉版图而居功至伟的陆贾首次出使便在此登陆。

当时广州港所在的番禺虽贵为岭南第一大都会，但是由于航海技术尚处于粗陋的大陆架航行时代，加上番禺北上"水道多绝，难行"，中华物产难以运抵，因此其作为港口的地位远不如西部的徐闻、合浦两地。

> 三国魏晋时代，广州港声名日隆，东西汇聚，逐步成为南海"海上丝绸之路"的新起点，并不断东迁，开启了它作为中外商人心中财富汇聚之地的华丽篇章。
>
> During the period of the Three Kingdoms, as well as the Wei and Jin Dynasties, Guangzhou port was growing in fame and attracting trade from both the east and west. It gradually became the new starting point of the "Maritime Silk Road" in the South China Sea. Furthermore, Guangzhou port continued to move eastward, opening a magnificent chapter as a hub of wealth in the hearts of both Chinese and foreign merchants.

● Part1 魏晋：西来初地

孙吴政权时代，为加强对岭南的开发，交州、广州分治，广州作为华南行政中心的地位日渐凸显。广州港声名日隆，并逐步取代了徐闻、合浦港成为南海"海上丝绸之路"的新起点，此后历经千年而不衰，开启了它作为中外商人心中财富汇聚之地的华丽篇章。

两晋时期，借贸易之名，东西之风开始交汇于此。印度僧侣菩提达摩在西来初地码头登岸，并修建西来庵（今华林寺）传经布道。来自大秦、天竺、狮子国的商人络绎不绝，天下物品经由水路船舶汇聚于此，广州"宝货所出，山海珍怪，莫与为此"。并且，源自贸易的丰富税收让广州刺史成为各路官员竞相追逐的肥缺，俗称"广州刺史经城门一过，便得三千万钱"。

此时，广州港也从泥城开始了东迁之路。码头移至坡山（今惠福西路）和西来初地（今上下九路北侧西来正街一带）。

随之而来的隋唐时期，中华之国进入又一个盛世。广州携地利天时，一跃成为中国海外贸易第一大港和世界贸易东方第一大港。

> 唐朝时期，广州的对外贸易进入了一个空前繁荣的时代，由于对港口容量的需求，唐代始有内外港口的划分。内港主要有光塔码头及兰湖码头，而外港主要以"扶胥浴日"的扶胥码头和屯门青山湾为主。
>
> During the Tang Dynasty, Guangzhou's foreign trade entered an era of unprecedented prosperity. Due to the demand for port capacity, the division of inner and outer harbors emerged in the Tang Dynasty. The inner harbor was dominated by the Light Tower Pier and Lam Wu Pier, while the outer harbor was dominated by the Fuxu Pier and Castle Peak Bay.

● **Part2　隋唐：扶胥浴日**

煌煌大唐289年，唐太宗"临抚四极"的大地雄心奠定了帝国的开放基调，再加上晚唐以前稳定的政局，引得四方商贾蚁聚，蕃夷贡使纷纷入朝。开元二年（714年），广州设立中国历史上第一个管理对外贸易的机构"广州市舶使院"。对外友好的开明政策持续且稳定，推动广州的对外贸易进入一个空前繁荣的时代。

对外贸易的繁盛对港口的容量产生了更高的需求，唐代开始有了内港和外港的划分。而此时的坡山港因河道淤积，已经难以应付络绎而来的商贾和货物，因此内港码头逐渐迁至南濠和兰湖。南濠码头亦称光塔码头，位于今天广州越秀区光塔街一带。唐时为了让外商安心在广州进行贸易，还划出了光塔街一带专供外商居住，史称"蕃坊"。阿拉伯人哈姆撒所建光塔（今怀圣寺光塔）除"以祈信风"的作用以外，还可以指引航路。可以想见当时此处必是酒肆店铺林立，一等繁华，使得光塔码头成为唐代最大、最主要的内港码头。

兰湖码头则是一个水陆内河码头，位于今天的流花湖公园。因唐代的流花湖是珠江水道的一部分，由佛山、北江、西江而来的货物在此泊船登岸进行交易。

"广州通海夷道"在唐代已经远至波斯湾、红海东非沿岸以及欧洲诸港，远洋贸易航路的开辟使得大型船舶开始驶抵广州，因此外港需要深入大洋，这样才能为远洋大船提供深度足够的泊位码头。如今沿着宽阔的黄埔东路一路东行，在电厂二路折向南，有一座绿树掩映、古朴清幽的古刹——南海神庙，这就是韩愈文中的"扶胥之口，黄木之湾"所在。庙内供奉的南海神相传可以保佑过往行船一帆风顺。神庙还有一别称——波罗庙，音译自梵语"波罗蜜多"（Paramita），意为"到达彼岸，做事成功"，虽然称谓不同，但是表达的意旨异曲同工，而庙前空地上"海不扬波"的牌坊也传递着类似的祈愿。庙门左侧的山岗上建有"浴日亭"，亭内背靠背立有苏东坡和陈献章石碑各一块。站在浴日亭上极目远眺，狮子洋上烟波浩渺，吐纳着来自不同国度的货船商轮，气象恢宏壮观，成就了古代广州"羊城八景"之一的"扶胥浴日"。

除扶胥港以外，位于今日香港新界的屯门青山湾，则是唐代广州的另一个外港，也是"广州通海夷道"的第一站。从地理位置上看，屯门扼守珠江口外交通要冲，唐代凡阿拉伯、印度、中南半岛及南洋诸国商船来广州，必先下碇屯门，然后再依次入扶胥，进兰湖光塔。内外港沿珠江水道一字排开，海河相接，秩序井然，昭示着唐代广州港在欧亚贸易中独一无二的地位。

> 北宋时期，广州迅速恢复唐时贸易的繁华景象。宋元中，广州海岸线进一步南移至一德路一线，内外港均出现位移。
>
> In the Northern Song Dynasty, Guangzhou quickly resumed the prosperous trade scene of the Tang Dynasty. During the middle of Song and Yuan dynasties, the coastline of Guangzhou shifted further south to the Yide Road line, and both the inner and outer harbors were relocated.

● Part3　宋元：海山晓霁

经历了五代十国短期的混乱之后，进入北宋的广州迅速恢复了唐代贸易的繁荣景象。作为唐代市舶使院所在地的"海阳旧馆"得到了大规模扩建，从此得名"海山楼"，其坐拥背山面海的雄浑气魄，成为珠江北岸的标志性建筑。

宋代广州的海岸线进一步南移至今天一德路一线，海山楼旧址便坐落于此，大约位于北京路和大南路交界处。在此不仅可以饱览珠江天高海阔的壮美，还可以领略番舶云集、舟楫交错的繁荣景象。"海山晓霁"也因此得以跻身宋元"羊城八景"之一，在遥远的南国呼应着都城开封的"东京梦华"。

宋代文献有言："岭以南，广为一都会，大贾自占城（印度支那古国）、真腊（今柬埔寨境内）、三佛齐（苏门答腊）、阇婆（爪哇），涉海而至，岁数十柁。"从南洋而来的无数番船在这里靠岸，无数粤商的商船也从这里出发远航。宋代海外贸易达到鼎盛状态。

因水路变迁，广州的内港外港均出现位移。内港东移至南濠（今南湾街一带）和东濠（今清水濠街一带），外港则由隋唐的扶胥港逐渐移至大通港（今芳村花地）和琶洲（今海珠琶洲村）。

● Part4　明代：琶洲砥柱

明代的对外贸易政策一改唐宋元各朝对待海外贸易的开放

态度，仅准许与明朝有朝贡关系的国家以"朝贡"形式进行，贸易活动"时禁时开，以禁为主"。明太祖时期甚至实行过"寸板不下海"的出海禁令，这就是"海禁"政策的滥觞。明代的朝贡贸易体系因为开放理念的萎缩而日渐扭曲变形，贡舶与市舶进一步绑定。明代前期，"凡外夷贡者，我朝皆设市舶司以领之……许带方物，官设牙行与民贸易，谓之互市。是有贡舶即有互市，非入贡即不许其互市"。

在日趋森严的朝贡体系下，广州依托远离朝廷中枢的地利以及厚重的海外贸易历史，赢得了一些宝贵的特殊政策。例如准许非朝贡国家商船入广东，唯存广州市舶司对外贸易。这让广州在海禁政策夹缝里获得了些许难得的生存空间，千百年来的开放基因得以幸存并延续下来，民间对外贸易得以繁荣不废，呈现出"番舶不绝于海澨，蛮夷杂于州城"的繁荣景象。到明中后期，民间贸易的繁荣开始反噬朝贡贸易体系，嘉靖三十二年（1553年），朝廷允许非朝贡国家葡萄牙人租居浪白澳、澳门，方便和"中国第一大港广州进行贸易"，至此，明初打造的朝贡体系在广州已然名存实亡。

贸易的繁荣催生了广州港码头的变迁，总体的发展趋势是内港码头进一步向广州城外移动，宋元时期的外港向城内靠拢，城外新增了一批外港。明代的内港设在蚬子步（今西关十七甫），为方便外商从事贸易活动，附近设立了"怀远驿"，以昭示大明王朝"怀柔远人"的帝国之心。怀远驿伴随明制朝贡体系百余载，直至清代才因珠江北岸向南延伸而被位于其南的十三行夷馆取代。历经唐宋元三代的广州港外港扶胥码头因"淤积既久,咸卤继至……水稍退,则平沙十里,挽舟难行,进退两难"逐渐被废弃,而离广州城更近的黄埔洲(今海珠区琶洲街黄埔村)一带则得到了重点开发,黄埔港码头从此接续了广州港的千年荣辱,承担起了外港的使命。

由扶胥到黄埔,广州外港的变迁一反之前东迁的大趋势,开始向城内收缩,这一方面是河流改道的天然因素所致,另一方面也反映了明帝国对外态度的微妙变化,黄埔港口作为护卫广州安全的最后一道屏障,其军事防御功能也在这个时代开始被重视。明代万历二十五年(1597年),"于洲上建九级浮屠,屹立海中以壮形势,名曰海鳌塔"。海鳌塔也叫琶洲塔,因此岛形似琵琶而得名。遥想当年,琶洲塔耸立于烟波之上,从远处望去,犹如江中的中流砥柱,一举成就了后来清代羊城八景之一的"琶洲砥柱"盛景。不仅如此,琶洲塔更是与此后修建的赤岗塔、莲花塔遥相呼应,指引珠江之上的货船安全驶抵广州内港。

内港贸易繁荣的标志性事件是春夏两季在海珠岛举办的为期数月的定期市,这也成为日后驰名海内外的广交会的前身。靠近海珠岛定期市的濠畔街、高第街一带更是成了"香珠犀角如山,花鸟如海,番夷辏辐,日费数千万金,饮食之盛,歌舞之声,过于秦淮数倍"的繁华街区。

嘉靖三十二年(1553年),为了防止蕃商杂居广州城带来的风险,明政府允许葡萄牙人进入和租居濠镜(今澳门)。

· 129 ·

这里本是广东香山县的一个小渔村，因此逐渐成为一个特殊的葡萄牙侨民社区。这一政策也让广州港有了一个稳定的中转港，在澳门这个中转港的加持下，广州港通往海外的航线进一步拓展，欧洲、拉美，以及东北亚、东南亚等地区，这些遥远的所在统统在此时被纳入广州港的远航版图中，真正的全球贸易时代终于来临。

> 清代康熙帝短暂地废除了海禁政策，乾隆时期的"广州制"使广州垄断了全国的海外贸易直至鸦片战争。清代琶洲码头搁浅，黄埔港恢复外港身份，内港则进一步东移至凤浦。
>
> In the Qing Dynasty, Kangxi briefly abolished the sea prohibition policy, and the Guangzhou system in the Qianlong period enabled Guangzhou to monopolize the country's overseas trade until the Opium War. As the Pazhou dock stranded in the Qing Dynasty, Huangpu Port regained its status as an outer harbor, while the inner harbor moved further east to Fengpu.

● Part5 清代：黄埔云樯

清初延续了明代的海禁政策，但是广东地方官僚深知禁绝广州海外贸易实属不易，而且通商贸易带来的巨额税收也让他们有动力积极上疏朝廷，争取到了"许濠镜澳商人上省，商人出洋"的特殊政策。顺治一朝，对广东的例外政策一直阴晴不定、时紧时松，这种情况一直持续到康熙二十三年（1684

年），海禁政策被废除，管理对外贸易的江浙闽粤四海关先后设立，千古一帝似乎找回了中华先辈那种气吞万里的雄浑气魄，将中国的东部1.8万公里绵长海岸线悉数开放。但是，这种政策仅仅维持了73年便告终结。

乾隆二十二年（1757年），清政府宣布撤销江浙闽三海关，规定"番商将来只许在广东收泊交易"，是为一口通商，在西方经济史上也被称为"广州制"（Canton System）。自此，广袤中华帝国的对外贸易便由广州一地垄断，一直延续到道光二十年（1840年）的鸦片战争。在这长达83年的时间里，广州港携垄断中国海外贸易的政策红利，进入了其他兄弟港口艳羡不已且不可复制的黄金时代。

此时的琶洲码头淤浅，不再具备外港的功能属性。菠萝庙的黄埔港（今黄埔旧港）又恢复了外港的显赫身份。2005年，瑞典东印度公司古商船"哥德堡号"即将重返广州之际，人们在南海神庙广场前发现了保存较为完整的清代码头遗址。古码头步级保存完整，有九级踏跺、两侧砌石，通往庙内的路上铺五板麻石，喻意九五之尊，颇具皇家气派。

内港则进一步东移至琶洲附近的凤浦（今黄埔村），尽管这里仅是粤海关广州大关的一个挂号口，但是它因为特殊的地理位置，成为中外商人进出贸易的必经之所。康熙二十年至乾隆二十二年（1681—1757年），一口通商前夜，来往江浙闽粤四海关的商船共312艘，其中到黄埔港者279艘，占比89%，黄埔港是当之无愧的中国第一港。晚清时期，对于中国海外贸易来说颇具象征意义的众多商船曾多次到访，如来自瑞典的"哥德堡号"、来自美国的"中国皇后号"、来自俄罗斯的"希望号"和"涅瓦号"、来自澳大利亚的"哈斯丁号"。1769年，英国人威廉·希克在目睹了黄埔港的熙来攘往后感叹道："珠江上船舶运行忙碌的情景，就像伦敦桥下的泰晤士河。不同的是，河面的帆船形式不一，还有大帆船。再没有比排列在珠江上长达几里的帆船更为壮观的了。"

1986年，"黄埔云樯"入选新"羊城八景"，这既是对现代黄埔港远洋巨轮往来不绝、帆樯如云的诗意描述，也是对昔日繁华胜景的追忆。

2000多年来，珠江水如白练绕郭，不舍昼夜，恍若珠江三角洲大地之书上的蜿蜒线谱。而广州港则是千百年来跃然于琴谱上的灵动音符，撩动中国海外贸易的碧海琴音绵延千年而不绝。

浩官伍秉鉴先生
Howqua–Wu Bingjian

○文 范唯

历史造就十三行，十三行创造历史。历史造就伍秉鉴先生，伍秉鉴先生创造历史。"秉鉴"，秉承借鉴的是广州土地与广州人诚信务实、开拓包容、敢为人先之精神；"浩官"，谱写彰显的是一位前驱开拓者的传奇：在天朝尚未"睁眼看世界"时，这一英文名代表的中国品牌已在全球投资，成就煊赫商名。

History cultivated the Thirteen Hongs, and the Thirteen Hongs drove history. History made Wu Bingjian, and Wu Bingjian made history. Bingjian, epitomized the spirit of Guangzhou's land and its people: integrity and pragmatism, openness and tolerance, and the courage to lead. Howqua, is the highlight of a pioneer's legend: Before China opened its eyes to the world, a Chinese brand represented by this English name had already made global investments and enjoyed a prominent reputation.

● **楔子**

伍秉鉴，清乾隆三十四年（1769年）生人，字成之，号平湖。乾隆四十八年（1783年），其父伍国莹在广州怡和街创办怡和行。嘉庆六年（1801年），秉鉴接怡和行务，善经营，不几年为广州巨富，为"过去1000年最富有的人之一"。

广州市的十三行旧址，如今是商业街，主营服装批发。这里繁华有余，不过看上去与一般街道无异，不复曾经"垄断交易"的煊赫。我并不经常去那里。

后得知伍秉鉴先生生于斯，成于斯，又衰于斯，循着寻访一段历史的因由，我踏足这片土地，翻阅了关于这段历史、关于这片土地上的人和事的一些资料。

（一）奠基

《粤海关志》记载："国朝设关之初，番舶入市者仅二十余柁，至则劳以牛酒，令牙行主之，沿明之习，命曰十三行。"

十三行是一个地名，十三行是一片商馆区，十三行是一个商人群体，十三行是一种贸易体制。

广州这个中国海上丝绸之路的重要港口，自有千年商都的友善、务实和包容，道是"迎八方来客，聚四海之财"。秦汉时期，这里出发的商船抵达东南亚一带；唐代，这里成为中国第一大港；宋元时期对外贸易蓬勃发展，朝廷于此设立市舶司，海山楼（今北京南路附近）为接待外商的场所；明代改海山楼为市舶提举司署，并在西关建怀远驿（今十八甫路），供

> 在广州这片友善、务实、包容的土地上，十三行是一个地名，十三行是一片商馆区，十三行是一个商人群体，十三行是一种贸易体制。伍秉鉴先生正生于斯，成于斯，又衰于斯。
>
> In Guangzhou, a friendly, pragmatic and inclusive land, the Thirteen Hongs was a place name, a commercial district, a group of merchants, and a trading system, where Wu Bingjian was born, succeeded, and declined.

前来朝贡的贡使和随从居住。

清顺治十三年（1656年）颁布禁海令，广东海上贸易禁而不绝。康熙二十三年（1684年）取消海禁，设立粤海关（今海珠广场西侧），拉开了十三行辉煌历史的序幕……

上承天子恩泽，下据地缘优势，当时的广州是"开眼看世界的唯一窗口"，是创富者的天堂。世俗排序下的"士农工商"，也为伍秉鉴先生的父亲等人所不齿：

"读书未必经世致用，买卖却可日进斗金。"

伍父由此辍学，进入同文行当一名伙计。十数年间，他积攒经验、丰富阅历，并凭借机智迅敏、可靠负责累积了广泛人脉。

十三行的"忽忽数十载，花开永不败"唤醒伍父蛰伏已久的雄心。他在东印度公司的资助下，创办元顺行，后更名为"怡和行"。发轫虽迟，却因恪守承诺、经营有方，伍父仅用3

年时间便跻身头部行商之列。

其父蛰伏期间，伍秉鉴先生降生。"秉鉴"，取秉承、借鉴之意。又因伍氏商名为"浩官"，"伍浩官"之名也伴随了伍秉鉴先生的一生。

（二）崛起，繁荣，富甲天下

乾隆二十二年（1757年）一口通商。十三行垄断对外贸易，贸易额持续攀升——从乾隆二十三年（1758年），到港洋船不到30艘、税银仅50余万两，到鸦片战争前夕，到港洋船达200艘、税银提高将近4倍，财富滚滚涌入大清。

十三行是清帝国承认的唯一对外贸易机构：外国商船抵达广州，首先需要联系某一商行；若通过散商贸易，则须由行商抽取手续费。此外，行商在贸易中占绝对优势，洋商几乎没有讨价还价的余地。

因此，虽有诸般约束和限制，广州十三行因坐拥巨额海外贸易中间商的垄断地位，财富不断累积，得以在广州这片土地上大放异彩，为世人所瞩目：

自是繁华地不同，鱼鳞万户海城中。人家尽蓄珊瑚鸟，高挂栏杆碧玉笼。

奇珍大半出西洋，番舶归时亦置装。新出牛郎印光锻，花边钱满十三行。

伍秉鉴先生在此时登上了历史的舞台。

辗转至1800年，父兄相继去世，伍秉鉴先生成为怡和行的新掌门人。

前有长辈坐镇，伍秉鉴先生并无太多施展空间，如一只蛰伏的蛹。时人对他不甚看好，乃至断言怡和行会在其手上没落。

然而，伍秉鉴先生兼有其父的低调内敛、沉稳谦和，以及更为精准的商业眼光。伍秉鉴先生长袖善舞，在官府、行商、洋商间左右逢源。怡和行在他的经营下风生水起，贸易额至1807年仅次于同文行。

1813年，伍秉鉴先生走马上任总商之位。

1834年，他创造的财富多达1872万两，当时清政府年财政收入不过4000万两。"天下第一大富翁"实至名归。

> 那是一口通商、垄断贸易日进斗金的黄金年代，伍秉鉴在此时登上了历史的舞台，凭借低调内敛，沉稳谦和的品质与锐利独到的商业眼光，创造了"天下第一大富翁"的传奇。
>
> It was at the golden era of Canton System and monopoly trade that Wu Bingjian stepped onto the historical stage with his low-key, restrained, calm, and modest quality, coupled with a sharp, accurate business vision, thereby creating the legend of "the richest man in the world."

（三）浩官其人

伍秉鉴先生是一个略显瘦削且成熟的男性，在他身上弥漫着长期从商的锐利和拔俗的儒雅气质。在任何地方，你都能看出他有别于他人的风度。

伍氏的发家史离不开"智信仁勇",这在伍秉鉴先生身上有所体现。伍秉鉴先生是一个机敏变通的人,其既快又准的心算能力为他人所称道。自立门户前的一日下午,伍国莹身体微恙,留伍秉鉴先生"坐镇"同文行。

百无聊赖之际,潘振承忽然走进来,见伍国莹不在,将手里一张纸递到伍秉鉴先生面前:"这是上个月茶叶的利润,你算算有多少。"

伍秉鉴先生接过,查看,顷刻报数。

潘振承不信,亲操算盘,噼噼啪啪一番拨弄,发现与伍秉鉴先生所报数目分毫不差,大感惊诧。

伍秉鉴先生的心算能力强如斯,数十年后,亦令英国东印度公司目瞪口呆。

伍秉鉴先生是一个以诚律己的人,与他接触过的人都十分信任他。

17世纪初,中国茶叶在欧洲媲美宝石,茶商生意为大宗。

怡和行主营茶叶生意。为确保货源稳定,伍秉鉴先生从名单相对固定的茶农手中收茶。这些茶农们了解伍秉鉴先生对茶叶的超严格要求,也会提供质量更好的毛茶,因为一旦掺有烂茶、死茶、折蒂茶,伍秉鉴先生就会拒绝收购。

一次,英国商人米尔顿想增订200箱伍氏茶叶,不料被伍秉鉴先生以"已无余茶"为由拒绝了。其他行商表示费解——他们以为,怡和行直接放弃了一笔利润可观的生意,毕竟伍秉鉴先生完全可以从其他茶农手中进货,再销售。

"从不熟识的茶农手里进货无法确保茶叶的质量，怡和行不会在这方面冒险，宁可少赚一些，也不会为增加订货量，使茶叶品质受到影响，进而影响怡和行的声誉。"伍秉鉴先生解释道。伍秉鉴先生做生意不仅要对得起顾客的信赖，还要对得起自家的招牌。

伍秉鉴先生是一个乐善好施的人。

1834年，怡和行迎来一位客人彼得·伯驾——毕业于耶鲁大学的一名眼科医生。伍秉鉴先生亲自接待。

"唔。"一贯接待商人的伍秉鉴先生若有所思，"不知伯驾先生所为何事？"

"我想在广州创办一家眼科医院，但我没有资金，我希望你能资助我。"伯驾诚恳地说。

"您需要多少钱？"伍秉鉴先生问。

"大约10万银圆。"

"我可以资助您，但我有一个条件：您创办的这家医院要免费给老百姓看病。"

伯驾不承想面前的富商如此痛快，在愣怔间同意了。

1835年11月4日，一家名为"新豆栏医局"的眼科医院挂牌营业。

为让病人循序就医，伯驾发明了用竹片制成的号牌，病人可根据号牌上的数字循序进入诊疗室——据传，这便是最早的"挂号制度"。

伯驾在中国待了20多年，共为5万3000多人诊疗过。上至衙门官员，下至街头乞丐，他的医术得到全广州的认可，甚至逐渐拓展了问诊领域，成为一名全科医生。

1857年，新豆栏医局由美国传教士嘉约翰接手，更名为"博济医院"。孙中山先生曾在此习医。后更名为中山医学院第二附属医院，又更名为中山医科大学孙逸仙纪念医院，如今是中山大学附属第二医院。

伍秉鉴先生是一个开眼"赚"世界的人。他被别人称为"胆商"。《南海县续志》中记载，伍秉鉴"多财善贾，总中外贸迁事，手握资利机枢者数十年"。在诸多商行走向破产、倒闭、没落时，伍家逆势而荣。

他投资之勇，不仅在物，还在人。

"我还记得我们初次见面时的情景：我什么都不懂，除了梦想，一无所有，我不明白你当时为什么会希望我留在中国，还一直对我这么好？"福布斯说。

伍秉鉴脑海中浮现出那天的场景：16岁的福布斯扛着一箱箱货物，步伐沉稳，眼神热情——谁也不会想到这是以后美国的"铁路大王"。

但是，"看到你的第一眼，我就知道你不会做一辈子水手"。

…………

美国获得独立后，很多对中国商品向往已久的美商们纷纷来华开展贸易。

伍秉鉴先生很快在十三行码头注意到身材高大、骨骼匀称，总是精力充沛的福布斯——其他水手因长期随船航行时食物单调、营养不足而略显瘦弱。因此，这个年轻人十分惹眼。伍秉鉴先生主动上前攀谈。

"我自小就向往东方，茶叶芬芳，丝绸、瓷器如此美丽……我一定要到中国来看一看。"福布斯滔滔不绝，从怀里掏出一本《马可·波罗行纪》，"书里说这是一片充满神奇和财富的土地……"

"一切是否如你所想呢？"伍秉鉴先生问道。

"我看到商馆，梳着辫子的中国人，一箱箱货物……可是我没看到财富。"福布斯流露出几分失望。

"财富不是人人都能看得到的，人生中有很多东西远比财富重要，比如机遇、选择。"伍秉鉴先生望着福布斯，接着说道，"你能来到这里，这就是一种机遇，若你选择留下来，我相信你一定会看到财富！"

货船开走，福布斯留了下来。

伍秉鉴先生将福布斯安排在旗昌洋行，从最基本的工作做起。福布斯热情开朗，头脑聪明，不久成为旗昌洋行的股肱。伍秉鉴先生对其越发喜欢，将其收为义子。

看到美国铁路业的商机，羽翼渐丰的福布斯跃跃欲试。伍秉鉴先生十分支持，拿来50万元银票。

"所以这也是一种投资，是吗？就像我现在打算回美国去投资铁路。"福布斯与伍秉鉴先生对视，父子二人大笑起来。

（四）硝烟，衰落

鸦烟流毒，中国三千年未有之祸。

> 伍秉鉴是心算能力超群、机敏变通的天生商业家；是不为小惠小利所动，以诚律己的守信者；是乐善好施的慈善家；是目光犀利独到，开眼"赚"世界的投资者……倘若这些还不足以勾绘他的全貌，那么说伍秉鉴先生的英文名"浩官"已成为西方人眼中最令人肃然起敬的中国品牌，这话似乎最能概括秉鉴其人。
>
> Wu Bingjian was a born businessman with excellent mental arithmetic skills and resourcefulness, a man of his word who was never swayed by petty profits, a charitable philanthropist and a great investor with sharp eyes who earned money from all over the world. If that's not enough, the fact that Wu Bingjian's English name Howqua used to be the most revered Chinese brand in the eyes of the Westerners seems to be the best summary for Wu.

1839年3月10日，林则徐抵达广州，要求行商缴烟。

林则徐不满伍秉鉴先生上缴的鸦片数量，逮捕其子，指其鼻而怒责："本大臣不要钱，要你的脑袋。"

伍秉鉴先生斥资买断鸦片，交予林则徐。

1839年6月3日，虎门销烟。

1839年10月1日，英方对华宣战。伍秉鉴先生捐资，筑炮台，购武器，练水军。

1840年6月，鸦片战争爆发，广州港封锁，行商生意一落千丈。伍秉鉴先生病倒。

1841年1月7日，虎门之战发生，广州城岌岌可危。5月21

日深夜，守将奕山突袭英军，英军次日反击，奕山投降，广州沦陷。伍秉鉴先生派其子伍绍荣和谈，签下《广州和约》。引发民怨。

1841年8月29日，中方签下《南京条约》，结束一口通商，十三行垄断时代就此终结。

1843年9月，伍秉鉴先生溘然长逝。

> 1843年9月，伍秉鉴的传奇在鸦片战争未尽的硝烟中画上句点，与之一同落下的，是时代沉重的铁幕。
>
> In September 1843, the legend of Wu Bingjian came to an end amidst the smoke of the First Opium War, along with the heavy iron curtain of the era.

● 跋

历史造就十三行，十三行创造历史。

十三行对中国乃至世界都有着深远的影响。在许多国家的博物馆、艺术馆、档案馆和图书馆内，珍藏着大量有关十三行的文物、档案、文献等。

1951年，在十三行遗址（今广州文化公园）举办的"华南土特产展览交流大会"为"中国进出口商品交易会（广交会）"的先声。如今的十三行路仍是一条热闹的商业街。

历史造就伍秉鉴先生，伍秉鉴先生创造历史。

关于伍秉鉴先生的事例记载得并不多，功过臧否，莫衷一是。更多的是遗忘，这么一位曾名动天下的巨富，终泯于历史长河。

然而，伍秉鉴先生身上广州人诚信务实、开拓包容、敢为人先的精神永远传续。

他是伍秉鉴先生，外商称他为伍浩官。

刺桐与木棉：昙花一现与万古长虹

Fleeting Erythrina and Everlasting Kapok

○文　张弛

> 当我们今天走进泉州和广州这两座城市时，那些因贸易而生的精神的沉淀与凝聚，以及东西方多元文化的交融，一样地打动着我们，正如刺桐与木棉，在阳春三月的时节，它们依然能够穿越千年，在两座城里与我们再会。
>
> Today, as we walk through these two cities, we are still moved by the enduring and cohesive spirits born from trade, as well as the integration of diverse Eastern and Western cultures. Just like the Erythrina and Kapok flower, which continue to greet us in these places, bridging a thousand years every March in spring.

春日里独有的艳红染遍了南方两城。南海神庙的红棉点缀着羊城春色，晋江岸畔的刺桐红上树梢。这样相似的、耀眼的红，在每年同样的时节，又绽放在了这样两座相似的古代贸易之城——广州和泉州。

只是远看，木棉花与刺桐花好像并无太大区别，正如当人们谈起古代贸易时，广州与泉州也无甚分别。它们都是历史上被认可的海上丝绸之路的起点，在历史上为古代贸易的发展留下了浓墨重彩的一笔。在贸易史上，它们都被认为是"海上丝绸之路"的起点，尤其是在宋元时期，两座城市甚至是不分伯仲的。但是，为何泉州在贸易史上逐渐走向没落，而又是什么样的力量让广州成为自古以来中国开放的前沿，保持着千年的繁荣呢？

● **条件优渥少忧虑，穷人孩子早当家**

当人们提起贸易的时候，总会联想到另外一个词语——海洋文明。诚然，人们总夸赞海洋文明背后的精神，野心勃勃、爱拼敢赢，具备这样特殊品质的古希腊孕育了以资本主义经济为代表的欧洲文明。但是，看似勇猛的海洋文明背后多少有些许的无奈——山多地少的地理环境，为农耕造成了极大的阻碍。

泉州就是这样的存在。红壤和多丘陵的环境，高产农耕几乎不存在，山地、丘陵占土地总面积的五分之四，俗称"八山一水一分田"。因此，泉州人总在以不同的方式谋生，例如

> 与农耕文明中的拼搏不同的是,处于海洋文明之中的泉州所拼的,是茫茫的大海和未知的风浪。
>
> Different from facing certain difficulties in agricultural civilization, Quanzhou, struggling in the midst of marine civilization, encountered unknown winds and waves in the boundless sea.

从事陶瓷工艺等手工业,也比如我们所谈的贸易,《爱拼才会赢》这样的经典歌曲,正是海洋文明在中国的写照。与农耕文明中的拼搏不同的是,处于海洋文明之中的泉州所拼的,是茫茫的大海和未知的风浪。

别人的一生都在追求罗马,而有的人一出生就在罗马——这就是广州,它兼具了农耕文明与海洋文明的所有优势——背靠大山,中有珠江,面朝大海,这是不易被侵略且能维持对外开放的安全环境。而且,广州海岸线曲折,多良港,适合大商船的运行和停靠。作为中国第三长河,珠江,自广州入海,其本身水网密集,河道交通便捷,且其因沉积而形成了土壤肥沃的珠江三角洲——中国南方最大的三角洲。

广州站在对外贸易的十字路口,连接中国大陆,又面向南亚,是东西方交流的重要枢纽。法国年鉴派史学大师布罗代尔在考察15世纪至18世纪世界城市发展时强调:"可能世界上没有一个地点在近距离和远距离的形势比广州更优越,该城距海30法里,城中水面密布,随潮涨落,海舶、帆船或欧洲三桅船以及舢板船可以在此相会,舢板船借运河之便能抵达中国内地

> 脚踏沃土,面朝大海,广州本就有农耕文明与海洋文明的多种可能性,这也赋予了广州发展的底气与朝气。
>
> With its fertile land and abundant marine resources, Guangzhou enjoys a variety of possibilities from both agricultural and marine civilizations, which endow the city with confidence and vitality to develop its economy.

绝大部分地区。"

农耕经济与海洋经济形成一定互补,奠定了广州"进退可守"的发展格局。脚踏沃土,面朝大海,广州本就有农耕文明与海洋文明的多种可能性,这也赋予了广州发展的底气与朝气。

历史的悲喜,人们或多或少会归因于地理环境这样原始的禀赋,其实某种意义上,地理禀赋也是随机的。诚然,不同地区由于偶然的因素形成了发展贸易的优势和劣势,但这些优势和劣势是否能够长期维持,其实是难以预测的。

● 几树半天红似染,刺桐花落木棉开

在强悍的政治力量面前,贸易往往是无从抵抗的,尤其是在专制皇权重压下,政治甚至可能成为压垮贸易的最重要因素。政府出于对"稳"和"利"的权衡,对待贸易的态度总是飘忽不定,从古至今概莫如是。即使我们对新事物怀有热情,即使有长期的资本或市场积累,如果没能借助政治的力量去破除封建政治上的阻碍，为自己创造适宜发展的营商环境，贸易是难以延续的。

泉州的商人，貌似没有学会与政府打交道。从政治机构的角度看，明代泉州市舶司北迁至福州，泉州港失去了官方朝贡港的地位，加上海禁政策的阻碍，泉州逐渐走向衰弱。从商人的角度看，一份关于泉州安平商人的史料显示，安平商人不愿与官僚"勾结"，缺少政商的联系，可能是让泉州失去政治信任和保护的重要原因。"故长安虽丽，未尝一至而问焉"，正是对安平商人经商的描述。泉州本土的商人还少了"向前看"的目光——有史料表明，泉州安平商人仍然会"农贾兼业，以农为本"，也就是说，他们并没有摆脱对传统土地权力的依赖。泉州商人所追求的，并非通过贸易改善生活，他们也并没有期盼着通过贸易实现阶层跃迁，贸易对于他们，只是回归传统经济方式的工具而已。

> 泉州本土的商人少了"向前看"的目光——有史料表明，泉州安平商人仍然会"农贾兼业，以农为本"。
>
> Local businessmen in Quanzhou were comparatively short-sighted. According to historical materials, businessmen from Anping in Quanzhou engaged in both agriculture and business, yet agriculture remained the foundation.

明清时期，广州成为被当局选中的幸运儿，它是当时中国唯一对外开放的口岸，这绝非只因为广州地理上安全稳定,更因为广州商业的气质与明清时期政府的风格相协调。"士农工商"的阶层观念在当时普遍存在,但是广州的商人却能够顺应和利用封建官僚制度下的规则,保持开放的态度去为自己的发展创造空间,他们熟练地游走于这样不尽合理的标准之中,又能够对其加以利用并超越"士农工商"的社会刻板观念。

常识上看,没有商人愿意主动与官僚捆绑,但是在专制皇权的视域下,只有学会与官僚"周旋",才能为自己赢得胜利的空间。自古以来,广州的商人能够通透地掌握这套与朝廷密切联系的规则。早在宋代,聪明的广州商人就设计出了一套"行会"的体制,目的是促进官商的合作与沟通,共同维护商业秩序。这一时期,中国人口流动性增强,广州出现了大规模从商的外来人口,被称为"坊郭户",这加剧了官府对商业和人口的管理难度。行会的设置,正巧为官府疏解了这一忧虑,行会团体由商人主导,可以帮助官府管理同行业的其他市场主体,例如宋代的南濠街茶楼林立,若有人想在这"美食一条街"上开店,就必须向官府提出申请,同时交一笔钱,加入茶楼业的行会。而行会中的"行老",会帮助每一家店决定其经营方式和规模。

随着闭关锁国政策在明清的推进,官商关系逐渐从"合作"走向了"盘剥和被盘剥",在重压下寻找生存空间确实需要一定成本,但是广州商人并没有被不合理的专制皇权挫败。广东的官员对上声称洋商们"感激皇仁",对下向商人们伸手索要捐输，甚至要他们负担皇上和官员们的奢侈消费支出。面对这些压榨，十三行的行商们选择接受。为了谋取贸易市场的地位与空间，十三行行商们也曾经参与"捐官"，潘启曾为自己捐得候选兵马司正指挥的官衔，以稳固自己的地位。清朝诗人屈大均在《广东新语》中指出："官与贾固无别也。贾与官亦复无别，无官不贾，且又无贾而不官。"这正是对明清时期广州政商关系最贴切的描述。

支持千年商都繁荣的力量，其核心在于商人自己——十三行行商们"深谋远虑"，具有突破传统小农经济、跳脱专制皇权制度局限性的长远目光和科学策略，这有助于他们在商业领域不断为自己创造机遇。行商们在封闭的小农经济中突破性地孕育了许多带有市场经济意味的商业形态。从经营策略来讲，行商们注重市场规律的运用，像潘启这样的行商，他们重视"等价交换"，依照市场的需求定价并制订销售计划。潘家的几代行商最重视的就是产品的质量，这为他们赢得了外商的美誉，也使之不易被市场淘汰。除此之外，十三行的许多行商都了解外文，这有助于他们与外商沟通交流。广州行商们普遍具有高素质的商业品德，亨特在《广州番鬼录》中提到，广州行商团体是最讲信誉的，"他们遵守合约、慷慨大方"。正是广州商人超越历史制度、环境的前沿观念，贯穿着广州的外贸发展史，不断助推着广州外贸发展走向新的台阶。

> "官与贾固无别也。贾与官亦复无别，无官不贾，且又无贾而不官。"这正是对明清时期广州政商关系最贴切的描述。
>
> "There was no distinction between businessmen and bureaucrats. Every businessman participated in official affairs, while every bureaucrat engaged in commercial transactions." This is the most appropriate description of government-business relationship in Guangzhou during the Ming and Qing Dynasties.

● 昙花长虹无须叹，文化交融总绚烂

商都长虹，"破"和"立"均不可少，不破不立，这是所谓"创造"的精神，或许也是助力商都广州千年长虹的秘诀。

正如刺桐花是来自非洲的"礼物"一般，泉州的光环来自兼收并蓄的包容精神，尤其是宗教文化方面的融合。但是，这样的包容精神，并没有真正转化到泉州本土的商人身上，泉州经商所得之利，最终仍然回到封建小农经济之中流通。不巧的是，元朝末期，泉州发生了严重的叛乱，这更让中央政府对泉州有所忌惮。泉州和泉州的商人们，或许并不适合生存在高强度中央集权的环境中，他们无法掌握贸易的规则，更没有主动接纳新生的事物，因此，泉州港在失去贸易发展动力和发展空间后，逐渐走向没落。

而广州商人务实、有胆识和开放的心态，不断延续广州商都的繁华，这正是朱熹《观书有感》中的那句"为有源头活

水来"。广州十三行的行商们不但能够吃透中央集权的规则，更能够在如此艰难的政治环境中寻求新的突破。东印度公司在广州使用汇票时，潘振承是第一个接受外国汇票作为支付手段的人。伍秉鉴的家族，不但从事传统对外贸易，而且涉足美国铁路、证券交易和保险业务等新兴业务，这些看似都与小农经济格格不入，但却成为广州作为对外开放前沿的不可或缺的标志。也正是因为广州和广州的商人们敢于突破封建制度的束缚，善于吸纳前沿的经济形态，中国古代贸易制度才能走向更深层次的变革。许多中国古代的贸易制度创新首现于广州：唐代，中国历史上第一个市舶司在广州创设；宋代，广州颁行了我国第一部外贸法《元丰广州市舶条》。千年商都广州，成为一代又一代的开放发展的典范。

两座商都在贸易领域走向了不同的结局，但是我想这并非一个"光辉和暗淡"的故事。这就是历史的有趣之处，广州与泉州，都在中国对外开放史上占据了重要的地位，也展现了不同层面的风姿。许许多多精致的进出口商品铭记了广州港在明清时期的重要地位。当我们走进十三行博物馆时，可以看见雕工精致的扇子，或是纹路纷繁的瓷器。文物上的绘画，用西方的笔触诉说着中华的故事，东西方文明真正在贸易中实现了交流与融合，其中一个交汇点就在广州。而对于另一个交汇点泉州而言，宗教交融的氛围让这座城市更具有浪漫主义的精神。走在泉州老城区的路上，"涨海声中万国商"的情景定会浮现在每个人的心中——不同地区的商人在泉州进行着穿越时空的碰撞，许许多多的石刻和历史建筑默默记载了伊斯兰教、古基督教、印度教、摩尼教等诸多宗教在泉州的发展史，这些宗教，见证了一代又一代泉州人的成长与拼搏，千百年来，它们也与泉州古城区相得益彰。

或许，从今天的视角讨论贸易史上两座城的成与败，并没有特别强烈的现实意义。正如克鲁格曼新贸易理论中的观点，贸易模式的形成具有一定的偶然性，泉州与广州在贸易史上的结局有多少的必然和偶然，并没有人能给出一个正确的答案。但是至少，当我们今天走进两座城市时，那些因贸易而生的精神的沉淀与凝聚，以及东西方多元文化的交融，一样地打动着我们，正如刺桐与木棉，在阳春三月的时节，它们依然能够穿越千年，在两座城里与我们再会。

千年浩荡里，那一场百年跋涉

The Waxes and Wanes of Canton Thirteen Hongs – a Pregnant Glimpse into Guangzhou, an Ancient Commercial City

○文　陈蕴晴

曾经沧海一飞灰，谁人解得其中味？

不可预见的一场火，广州十三行燃尽在千年商都的视线里。

仿佛又是可预见的。

With everything turning to ashes, none of its message was heard.

Amidst an unpredictable fire, the Thirteen Hongs in Canton faded from the sight of the millennium-old commercial city.

Yet, it was predictable.

那场火是如此的彻底，以至于广州十三行彻底遗失在千年商都的视线里。

1856年第二次鸦片战争中，英法联军对广州发起进攻。次年1月12日，英军登陆西濠，纵火烧毁十三行商馆区东西沿江一带的所有洋行，连同数以千计的民房。

于是自乾隆帝1757年设一口通商以来百年间，广州城郭货通万国、熙来攘往的喧嚣繁闹，香珠银钱堆满、彩绣锦缎凌罗的漾影浮光在熊熊火光中化作飞灰；这场大火中，数百年来十三行积累起来的西洋建造、外事来访、医术介绍乃至中外银行的万千财富皆随风消散。

1832年《中国快报》对广州十三行发出"地球最远一端大修道院"的抱怨——那里隔绝尘俗与欢爱，即使有令人热血沸腾的消息，如欧洲正步入光明的民主政治前景于耳边响过，也如远方战斗传来的怒吼声般细若游丝。20余年后，在这方土地上无处寻觅时再回首，怕是也会生出"此情可待成追忆"的嗟叹吧。

曾经沧海一飞灰，谁人解得其中味？

然亦可问，曾经沧海一飞灰，谁人不解其中味？

十三行踽踽前行几多欲坠之时，其覆灭又何尝不是不可预见中的可预见？

● **特权下的隐秘结局**

于十三行而言，"金山珠海，天子南库"是其富庶的象

> 十三行的致富权利自发生起，便深刻着权力印记：行商既享受经商之"富"，又憧憬为官之"贵"，终为权力之奴，散尽家财。
>
> The right of the Thirteen Hongs to accumulate wealth had been deeply imprinted with power since its inception. Businessmen were enjoying the "riches" of doing business while envisioning the "nobility" of being bureaucrats. You see, they were too greedy to avoid being the sacrificial lamb, scattering fame and fortune.

征、引以为傲的盛誉，却也暗藏着压榨盘剥的败絮。当作为十三行最重要群体的行商接连走向悲凉的结局时，十三行也注定难以在历史里找到可承接的后续——他们憧憬经商者之货银，又受困于为官者之花翎；他们被赋予致富的权利，也终将渐惑于至富的权力。

为商正名、在商言商，或许是对"半官半商"性质一种理性的抗拒，然而只怕感性上依旧难以摆脱"士为上等、商为末流"的旧观念。行商们一方面在商场上长袖善舞，享受着经商之"富"；另一方面又始终眷念为官之"贵"，对财富与地位间的悬殊心怀芥蒂。于是，统治者以官衔为甘饴的"捐纳"制度在这个群体内长盛不衰，无贾不官、官贾无别成为行商们在官场和商场间左右逢源的真实写照。

不过，当日那花翎翎羽有多轻柔醉人，就该想到权力包裹的贪嗜日后有多怠误害人。

在征收巨额商贸税款、捐官钱款之外，清廷常以皇室寿辰、国家战事、河工水利等各种名目向行商勒索摊派，假借洋货采办或明或暗示意行商进呈珍巧，广州大吏亦不时搜寻稀罕玩物媚上或据为己用，所花费的银子却转嫁行商……行商显富显贵之时，对此倒也不甚介意，也许还乐在其中；然而一旦行商经营败落，情况便大不相同：据史料记载，仅1773年至1832年的60年间，清廷以"报效"为名对行商财产的超经济掠夺便有18次，总数高达395万两白银；行商为内务府购置洋货所需缴纳的贡银亦从1793年的5.5万两定额增至1806年的20万两；在自身经营重负之下，十三行公会甚至致函英国大班，请求其不要运来足以致他们破产的自鸣钟、音乐唱机、机械玩具等昂贵货物。

凡此种种皆荒诞得不可理喻，却又不言而喻——十三行特许经营致富的权利自发生之时起，便深刻着权力的印记，除非摆脱，否则其救赎之路，便是条不归之路。

只是历史同样也荒诞难言——昨日欢迎公行废除之行商，需与公行同归于尽；今日公行之废除，便再无与商行一同重生之行商。玉石俱焚与委曲求全之间，他们只能选择后者，一条漫漫修远而无善终的不归路。

● **划过夜空的彗尾**

十三行并非无所承载、无所希冀。

行商们固然在旧格局中守望，在尊华攘夷的天朝思维中踯

> 并非无所希冀。行商固然在旧格局中守望，也在新视野里观望。嗟叹时局下的希望更显绝望——向先进靠拢的努力，终是困兽犹斗！
>
> Promising as it was that merchants embraced a new vision despite being trapped in the old patterns, the hope in such a rigid system was destined to bring deeper despair. Those who tried to progress were just the crushed worms to turn!

躅于"中国的世界"，可他们也在新视野里观望，在熙熙攘攘的中西商贸里寻觅那"世界的中国"。

信用汇兑、契约精神、有限责任、复式记账……寻寻觅觅里，近代中国商业文明的渊薮在十三行悉数可见；不拘一格的务实、不守一隅的进取、不定一尊的包容……千年商都所涵养的品格尽致淋漓。在与西洋接轨的过程里，行商们敢为人先，为十三行开拓出一整套以信贷为基础运作的贸易体制，进而愈见来广船舶云集、来华商贾繁众，诗词歌赋连同其所称颂的广彩广绘、广绣广缎亦远扬海外。以今时回看过往，仍觉封闭大清中可见一扇明敞之窗，属实惊异，其亦如划过夜空的彗尾，虽然短暂，却桀骜而有力量。

由此，也更抱憾于行商群体在时局裹挟下由失望到逐渐无望、最终绝望的结局。

信贷贸易的漏洞渐显弊病，行商向内地采办茶叶、瓷器等商货须预付现银，洋货滞销的损失却也由其承担，同时官府的压榨步履不停，经商所获的白银无法再投入贸易。恶性循环愈演愈烈，直至乾隆末年，十三行的流动危机初见端倪，举外债经营的行商比比皆是，而彼时，广州口岸的借贷利率已高达20%—40%，这些商人就这样在不经意的高利贷陷阱中深陷"商欠"，而最后，又在天子"怀柔远人，加惠四夷"的自尊里破产流放、垮塌末途。

> 控制与被控制，是馅饼，更是陷阱：当无效控制在"看得见"里无动于衷，有效控制在"看不见"里逐渐失去……
>
> Some may argue that strict control in a rigid system was for maintaining order – and yes, it was. But when people became indifferent to the visibly ineffective control, and when they had no intention of adhering to the invisible yet effective control, such control turned out to be a trap.

● 当贸易逐渐失去控制

"控制"，似乎是广州十三行贸易语境下不离其宗的关键词——无论"以官制商"，抑或"以商制夷"，广州贸易体制的框架处处有"制"的印记。

控制是十三行体制的优势：十三行之所以有辉煌过往，离不开其体制在促进贸易、取悦朝廷与控制外夷、安抚朝廷间的灵活弹性。但控制也是十三行体制的缺陷：它无法改变政策的实际运作以应对外来变化，用以适应地方管理架构的资金和权力也都被中央抽走，为控制内外冲击所付出的努力皆成徒劳。

当无效控制在"看得见"里无动于衷，有效控制却在"看不见"里逐渐失去，十三行便也只能在一片片静默中走向失落的必然。

历史，是要使看不见的，被看见。

比如当年孟加拉土地上罂粟花开得妖艳，"嫩实兹"号军舰来得明目张胆。

1757年，中国一口通商；同样也是1757年，英国占领了印度。

巨额的茶叶贸易需求置英国于持续的贸易逆差与白银外流境地之下。普拉西战役大胜没过几年，东印度公司的一名高级职员便将扭转不利局面的希望投射到孟加拉这片罂粟花盛开的热土之上，正式提出以鸦片输出换取茶叶的计划。1773年，该计划得到英方批准并正式实施，鸦片入境量自此逐年攀升。1778年，美法条约的签订使英国与法国处于战争状态，加剧了英国的银根紧缺，而为弥补国库因战事带来的亏空，东印度公司竟公然派出装载有4000箱鸦片的"嫩实兹"号军舰驶向中国。

然而，粤海关什么都没看见。

禁烟令形同虚设，且禁之愈严，利润愈高，走私愈甚，灰色收入的空间愈大。除了看见当局的无能、无奈与无所适从，时人同样什么都没看见。

于是鸦片倾销的试探不再只是试探，而逐渐演化为猖狂。十三行的贸易控制体制和海防机制越来越不堪重负，十三行也如同搭建在流沙上的建筑，摇摇而欲坠。

> 看得见的鸦烟流毒，看不见的沉沦销魂；无处着力的体制变革，抵挡不住澎湃的历史浪潮——十三行的泯灭。
>
> 算不算庆幸？
>
> 当看不见的被看见，遗失的不被遗忘——千年商都，便芳香如故。
>
> When the visible opium coming from afar, invisibly eroded the Chinese soul, the Thirteen Hongs witnessed their irresistible demise.
>
> Fortunately, when the invisible becomes visible and the lost is not forgotten, the business city of Guagzhou thrives, as prosperous as ever.

● **最后的稻草**

无疑，贸易控制体制需要自上而下的变革。但长期以来，广州贸易体制的优势掩盖了其缺陷不断暴露的事实。贸易量的增长增加送缴朝廷的关税收入，朝廷当然不会有动力去反思体制存在的问题；而于地方官而言，走私是合法茶叶贸易的补充，在极为有限的任期里，他们求索的是如何充实自己的腰包、政绩，如何丰盈天子的国库，而非举人财物力消灭禁品等不讨好之事。因此，变革自然也无从谈起，便也只能将希望寄托于虚无缥缈的所谓体制生命力。

不过，看不见的变化实在太多。

历史的转折往往不发生于表面上的惊涛骇浪，而积蓄于那些不为人知的涌动暗流。

及至19世纪30年代，东印度公司基本上失去了对广州贸易的控制，而在规矩森严的公司大班日渐式微之时，随之崛起的却是傲慢寻衅、毫无秩序的"港脚"商人。1834年，所有垄断贸易公司都停止对华派遣商船，此时，散商便彻底取而代之，在广州城"独步天下"。随着报刊传入，散商的利益与声音被团结起来，而汽船则克服珠江水文条件的限制，激励其意图实现，从而极大削弱了广州贸易控制体制的基础。1842年，当鸦片战争败终于城下之盟，《南京条约》开放五口通商，粤海关一口独尊的地位一去不返，加之东西关的大火重创，十三行似乎也随同其底下的流沙，流向了涸止的尽头。

这是一场浩荡的跋涉，因它跨越百年，极尽华丽，极尽悲凉。

然而商都蹀躞千年，更显浩荡。

十三行虽在火光中化为尘埃，但于广州而言，落寞一幕，只是剪影，只是片段。

当看不见的被看见，遗失的不被遗忘，商贸沃土颐养千年，新兴业态向阳而生——千年商都，便芳香如故。

番鬼亨特在广州

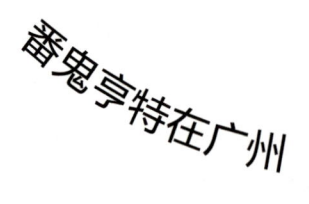

A Fanqui Hunter at Canton

○文 黄海嫦

> 不过，东风起于青蘋之末，得风气之先的广州大地上，有被山路和江海编织的经纬和勤劳朴实的"老广人"，舳舻千里，旌旗蔽空，物华天宝荟萃，白银珠玉积箱。200年前如此。200年后，自然也是如此。
>
> However, great storms announce themselves with a simple breeze. In the land of Guangzhou, hard-working old Guangzhou people once walked on the mountain roads and wove through the sea and rivers. Boats, one after another, stretched for a thousand miles. Flags and banners obscured the sky. The land was blessed by God for prosperity, with silver and pearls found everywhere: This was the case 200 years ago, and naturally, it remained true 200 years later.

日光落在平静的海面上，水波粼粼，浮光映着船帆。一头鲸鱼从水下跃起，溅起白色的浪花。它短小的胸鳍却倏忽变得窄长，其嘴部前突呈喙状，喙的末尾下钩，恍然是一只巨大的信天翁。它乘着风飞到半空，在船的上方盘桓。霎时，方圆几百里内的信天翁都往这里聚集，遮天蔽日。这一方天地变得昏暗，却是诡异的宁静，连风声都没有。但浪如山高，船身猛烈地摇晃，前桅和后桅的帆碎成破布条，正在狂舞。船副们的大声呼喊和水手们的应答之声混成一片。青年亨特张了张嘴，发现自己发不出声音，于是仔细辨别着周围人发出的音节。他们在说什么？在说——"落花满天蔽月光，借一杯附荐……"

亨特睁开眼睛，看见用茜红色薄纱做的蚊帐，头隐隐作痛，他轻轻拍了拍。昨天，他跟着罗素先生赴潘启官先生举办的"筷子宴"。他们齐聚在那位于泮塘的美丽住宅，宴会上尽是珍馐美味。亨特多喝了几杯由大米酿造而成的"三苏"，回到商馆后就昏昏沉沉地睡下。现在，他打量着窗外的天色，大概是中午了。

> 他们在船上做着各种营生：卖故衣、饰物、食品，做木匠、工匠、鞋匠、剃头匠、裁缝，还有的是算命先生、应急郎中……他们生活清贫，穿得很朴素，饮食也稍显寡淡，却勤劳和善，看起来自得其乐。
>
> They were conducting all kinds of business on the ship: selling former clothes, ornaments and food. They worked as carpenters, craftsmen, shoemakers, barbers, tailors, fortune-tellers, and emergency surgeons ... They lived in poverty, dressed plainly, and ate a slightly bland diet, but they were hard-working, kind, and seemed to enjoy themselves.

耳边的声音不绝。他下了床，走到窗前，望向楼下的空地。在这个时间点，广场上人来人往，卖曲本的中年男人在用假声高唱一段词，从而招徕顾客。此时他即将唱完第二句，拖着长长的颤音。亨特是商馆里少数几个懂得中文的洋人之一，但显然还不能理解这些晦涩的话语。他的眼睛漫无目的地巡睃，瞥见零星几个驻足在旁的洋人。他们边听边笑着交头接耳，看起来兴致颇高。

眼前惬意宁和的场景让亨特长舒了一口气。他把怪异的梦境定为四年间海上行程的遗存物——那并不是什么值得回忆的经历：一望无垠的海面吞吐着日月，也吞噬了一位神经错乱的厨子。除了偶尔从水面跃起的鲸鱼和在天边飞翔的信天翁，他很难看到其他可以被称为"生物"的存在。所幸，他已经入职瑞行二号，成功在广州这块被称作"十三行商馆"的地方住了下来。

说起来，半个月前他刚入住的时候，还常被当地的官员们提醒着自己的"暂住"有赖于"天朝对远来夷人的仁慈"。他们告诉亨特各种各样的规矩，比如每月只有固定的三个日子可以离开商馆，最远只能到达商馆广场前的牡驴尖，等等。然而没过几天，亨特就发现这些针对洋人的规章只是一纸空文。只要他高兴，就可以出去散步。就比如现在，他想去广场上透透气。

午后的阳光漏过枝叶，碎影斑驳。面前的广场上人头攒动，亨特信步加入。咸橄榄、花生、糕点、粥……贩卖吃食的摊位数目众多，独占鳌头，当然其间也不乏修补旧鞋的鞋匠、整治旧衣的裁缝、翻修油纸伞的妇人、编制细藤条的大爷……亨特在卖茶水的摊位找了个位置坐下。

泡茶的茶叶是有讲究的，广州的有钱人家会用瓦罐将茶叶封存两三年，从而减少新茶的苦辣味道。沿街叫卖的茶水，当然比不上有钱人家的香醇可口，但足以解渴。此外，这里实在没有其他更烈性的饮料了。在广州的街头，醉汉是很稀奇的。片刻后，一杯热茶下肚，他学着邻桌的老大爷"哈"了一声，再心满意足地放下茶杯。

一抬眼，亨特望见不远处一个小伙子正在变戏法，眼下正在展示"三仙归洞"。看客群里惊叹声此起彼伏，人们高声讨论着这位年轻人是如何巧施"仙术"，让三个球自如穿过碗壁的。

亨特还想再四处看看，果然有了新发现——树荫里坐着一个神色淡然的大叔，只穿件勉强遮住腰部的袍子，手中一把葵扇优哉游哉地晃着。这幅景象，和其他忙碌的商贩、涌动的行人相映成趣。

"亨特！亨特！"罗素先生隔着人群喊。

亨特从位置上站起来，朝声音传来的方向挥手："先生，我在这！"

这位温和敦厚的旗昌洋行主任快步走过来，在亨特面前站定，拍了拍这位年轻人的肩膀，举止温文尔雅："嘿！小伙子，看来你睡了个好觉！今天下午清闲，我们租个船到江上游览一下吧，正好谈谈簿记的工作。"

　　"乐意之至。"亨特回道，又指了指去牡驴尖的路，说，"我们是要在这出发吗？但……"

　　"当然！"罗素先生看了一眼那边拥攘的摊位和人群，说，"我已经通知了老汤姆，他会叫人来清理广场的。照理说，这些中国人占据广场本身就是不'合法'的……"

　　话音未落，同文街和美国馆的拐角处窜出了巡役，他们把手中的鞭子挥得猎猎作响。罗素先生接着说："瞧，他们来得真快。我们最好找个清静的地方站着。"于是领着亨特往旁边走。

　　小商贩们急忙拿起摊位上最贵重的商品，多数是抱着几个坛坛罐罐一溜烟就跑没了影。当然也有忙着收拾茶杯和腌制食品，不提防肩上就挨上一鞭的。刚还在纳凉的大叔跑得不快，又一时手滑落下了扇子，却瞧准了空隙，腾地从地上将扇子拾了起来，再接着跑远了。卖曲本的中年男人张开双臂，把摊在地上的曲本一股脑拢在怀里，结果刚起身就掉了两本在地上，还被跑过的人一脚踩坏了。来不及跺足，从另一边又撞过来一个鲁莽的年轻人，连带着他旋转了大半圈，又散落了两本。他刚想弯腰去捡，背上就挨了一鞭子。顾不上疼，也没了捡曲本的心思，他抱紧了怀里剩下的曲本，融进了四散的人群。

　　亨特第一回见这样的场面，颇有些沉吟。倒是罗素先生习以为常，扭头和他有一搭没一搭地闲聊起来。

　　总之，广场很快恢复了安静空旷。

罗素领着亨特往牡驴尖走，然后登上了一艘小船。船夫划着桨、扯着帆、摇着橹，小船悠悠地开启了行程。罗素有意让亨特更加熟悉这边的风土人情，一边传授些记账的秘诀，一边指引亨特看周围的船艇。

一眼望去，各式各样的船艇几乎盖满江面。大多数船艇是一个家庭的唯一住所，这样的人家几乎从不在岸上落脚。他们在船上做着各种营生：卖故衣、饰物、食品，做木匠、工匠、鞋匠、剃头匠、裁缝，还有的是算命先生、应急郎中……他们生活清贫，穿得很朴素，饮食也稍显寡淡，却勤劳和善，看起来自得其乐。

珠江两岸常有挤满乘客的大船启航或靠岸。有些是官船，数十支桨上插着各色旗子，旗面写着船艇所属地方和所载官员的官衔。有些是往来于行商货栈的驳船和货船。而走内河和运河的船艇在江面上格外神气，清漆油过的舱面和船舷锃亮，舱面还要比水面高出好几英尺。茶叶从周边的产茶地运进广东省内的转运点后，再由这些船运来广州。此外，还有装饰清雅秀丽的花艇，靠着江岸鳞次栉比。花艇的上盖嵌着玲珑木雕，船厢两侧装着玻璃窗，艇内不时传出宴酣声与丝竹声。

天色渐晚，一条装备武器的手划快艇从外洋顺风驶进，果断而迅捷。罗素指着它，让亨特也看看这艘船吃水的深度。在亨特疑惑的目光里，悄声告诉他这艘船里载的是鸦片，价值好几万元。亨特想起中国皇帝的圣旨和广州当局的文告，上面都明令禁止这种贸易的存在，参与贩卖者甚至将被"斩首"。但亨特沉吟了一会儿，最终什么都没问。

随着夜幕低垂，其他船民把船艇划近江岸两边。罗素先生示意身边的船夫返航。小船靠岸时，这位矫健的船夫把长竹竿深深地插进河底的淤泥里，于是船稳稳当当地停住了。

上岸后，亨特回望江面，每只艇的艇首，都有人跪着、握着双手，虔诚地给海神和河神敬香。香火星星点点，在漆黑的夜色中莹莹地亮着。这时，两岸边的灯笼被一个又一个点亮，柔和的光轻轻地浮在江面上。

罗素先生在给亨特做今天的总结，许久没听见少年的回应，这才意识到亨特被落在了后边。他温和地催促着，亨特回过神，抬腿向罗素先生跑去。

这时是1829年4月，年少的亨特在广州的一隅，领略这富可敌国的商业巨擘的风采。长达13年的广州十三行旅居生活正徐徐展开，眼前的平和繁荣似乎预示着这将是一段不错的生活

> 每只艇的艇首，都有人跪着、握着双手，虔诚地给海神和河神敬香。香火星星点点，在漆黑的夜色中莹莹地亮着。这时，两岸边的灯笼被一个又一个点亮，柔和的光轻轻地浮在江面上。
>
> In the bow of each boat, people were kneeling and holding hands. They reverently offered incense to the gods of the sea and the river. In the darkness of the night, the light from the incense-lit fire glowed. At this time, the lanterns on both sides of the shore were lit one after another, and their soft light gently floated on the surface of the river.

> 当时的他从未想到，35年后，当他最后一次来到这里时，这里将完全变成废墟，甚至找不到两块叠在一起的石头。
>
> At the time, he never imagined that 35 years later, when he came here for the last time, the place would be completely in ruins, and he could not even find two stones stacked together.

经历。

当时的他从未想到，35年后，当他最后一次来到这里时，这里将完全变成废墟，甚至找不到两块叠在一起的石头。

后来，年迈的亨特执笔写下《广州番鬼录》和《旧中国杂记》，这才惊悟两国间横贯的森森兵刃与淋漓鲜血早有迹可循。而更久远的事，已埋泉下泥销骨的亨特，就无从得知了。

不过，东风起于青𬞟之末，得风气之先的广州大地上，有被山路和江海编织的经纬和勤劳朴实的"老广人"，舳舻千里，旌旗蔽空，物华天宝荟萃，白银珠玉积箱。200年前如此。200年后，自然也是如此。

广州的外贸基因
Foreign Trade Genes Inherited in Canton

○文　鲁晓东

> （中国）最大之港曰广府（Khanfu），西国商业，以此为终点。
>
> The largest port in China is Guangzhou Port, which serves as a crucial hub for commerce between Western countries and China. Many commercial vessels dock here to exchange goods, making Guangzhou Port a vital link in the trade between the East and the West.

"江边鼓吹何喧阗，商航贾舶相往旋。珊瑚玳瑁倾都市，象齿文犀错绮筵。合浦明珠连乘照，日南火布经宵燃……"此诗出自明末天启年间韩上桂的《广州行呈方伯胡公》，此"方伯胡公"即时任两广总督的胡应台。从这首诗里,一方面我们可以感受400年前古代广州商业所筑起的无边繁华,而更为重要的一个方面,是其中所隐含的官方对海外贸易的态度。

如果回溯的历史足够长的话,我们会发现中国从来就不是一个封闭保守的国度。唐太宗以天国强宗的旷世雄心,推行"招来遐域"的对外开放贸易政策,中华帝国由此进入一个空前的贸易开放时代。此时的广州,作为"中国海外贸易的第一大港和世界贸易的东方第一大港",成为镶嵌在中国绵长海岸线上最耀眼的一颗明珠。开元二年(714年)左右,唐政府在广州设置了中国历史上第一个专门的外贸管理机构——广州市舶使院,也就是后来的"广州市舶使"和"广州结好使",如此重要的一项制度创新把广州推向中国对外贸易的最前沿。

当我们在一个更长的历史跨度上来审视广州作为海洋贸易重镇的地位时,我们不难发现:广州的崛起有着强烈的官方背景。当然,广州真正的机遇的到来,则是在几百年之后的明清时代。

> 中国从来就不是一个封闭保守的国度:唐太宗以天国强宗的旷世雄心,推行"招来遐域"的对外开放贸易政策。
>
> China has never been a closed and conservative country: Emperor Tang Taizong, driven by unprecedented ambition to be a powerful ruler, implemented a policy of opening up to foreign trade by "inviting all the world."

● 朝贡贸易中的崛起

明代是中国历史上的一个特殊节点。自明太祖始，那些中华帝王再无当年气吞万里、怀柔远人的气魄，帝国开始了它最为难堪的一次转身。在思想文化领域，理学开始逐渐占据主导地位，成为官方哲学。反映在外交上，则是"华夷之辨，守备为上"的思想开始成为政策的主流，由此也带来了对对外贸易态度的巨大转变。大约于洪武四年（1371年）前后，明朝政府开始了前所未见的海禁政策。海禁虽然源于军事上和政治上的考量，但是对海外贸易的影响则是深远的。明朝执行海禁除在沿海地区建立卫所、加强海防之外，另一个途径就是通过法例条文严禁下海通商贸易。"仍禁海民不得私出海""人民无得擅出海，与外国互市""'私自下海者'，充军"等法令时常见诸政府的公文，海外贸易作为一种官方认可的商业活动基本上被废止了。

在海禁期间，贸易以一种极富中国特色的形式存在，那就是朝贡贸易，而商舶贸易则被视为走私而严格禁止。在这种政府垄断性的贸易形式中，广州作为一个有千年历史的古港，其地理和政治上的优势逐渐得以发挥。朝贡贸易中外国商人向明朝政府"进贡"，以充分体现大国的尊严。明朝政府根据国家的不同，规定其"进贡"一年一次，或是三年一次，有的甚至八年一次。载有番货的船只会在澳门停泊，经市舶司查验后，得以驶入广州，番商被指定在怀远驿居住。贡使在市舶官员的陪同下押解贡品进京，进献皇帝，在皇帝回赠贵重物品后取道广州回国。在这个过程中，随贡船而来的商人可以在怀远驿交易，并交纳关税。广州就是在这种特殊的贸易形式中，逐渐确立了其在中国对外口岸中独一无二的地位，并开始汲取垄断贸易中的巨额红利。

> 明朝时期，贸易以一种极富中国特色的形式存在——朝贡贸易，外国商人向明朝政府"进贡"，充分体现大国的尊严。
>
> During the Ming Dynasty, trade existed in a distinctly Chinese form: "tribute trade," where foreign merchants paid tribute to the Ming government.

● **天选之地，制度之利**

广州为什么能够在众多的中国古港中脱颖而出，抓住了历史的机遇而成为帝王的首选呢？其中历史、政治和地理等诸多因素杂糅在一起，成全了广州在中国封建社会晚期绝无仅有的贸易地位。

首先，广州作为中国南部地区的一个政治中心，有着相对连续的历史和对周边地区的强大辐射力。自秦始皇于公元前214年平定南越之后，"发诸尝逋亡人、赘婿、贾人，略取陆梁地，为桂林、象郡、南海"。南海郡覆盖今天广东的大部分地区。从设郡治（首府）番禺县（广州）开始，除元代隶属江浙行省之外，广州一直是岭南地区的一级行政单位。更为重要的是，在岭南地区建立的"三南"政权，历时148年之久，均建都广州：南越国在原秦在岭南设置的桂林、象郡、南海三郡基础上建立，其南界一部分深入今越南清化、河静及义安省东部地区，赵佗攻破象郡安阳王，"令二使典主交趾、九真二郡人"。在述及古代广州的贸易地位时，有一个君王的作用是不能被忽视的，那就是现在静静躺在南越王博物馆里的南越国第二代帝王赵眜，正是他顺应了汉武帝的招安政策，南越国并入大汉版图，才使岭南贸易得以维持。后来的南汉国"东抵闽粤，西逮荆楚，北阻彭盆之波，南负沧溟之险"，大抵以今天两广区域为主，东到闽广交界，西控广西大部，南逾海南岛，北抵湖南郴州。南明政权也主要在广州活动。因此，即使是在混乱的战争年代，该地的政权为了竞争生存，对广州一带的经济（尤其是海外贸易）仍极为重视，强化了广州作为岭南经济中心的地位。

其次，政治经济的中心地位使得广州的基础设施和内外交通网络建设被高度重视，这大大拓宽了广州的辐射范围，为对外贸易的开展提供了良好的硬件支持。灵渠的修建，虽然最初只是为了解决对越作战问题，但是由于它沟通了长江水系和珠江水系，使得广州可以通过水路直达北方的政治和商业中心，在经济上发挥了重要作用。从秦汉起至隋唐，灵渠一直是促进五岭南北地区经济文化交流的重要渠道，对广州维系其南方贸易中心的地位发挥了重要作用。自此以后，以广州为起点的陆上和水上交通建设一直持续，到清光绪年间已经达到了"五岭之南，郡以十数，县以百数，幅员数千里，咸执秩拱稽受治于广州之长"的空前水平。

最后，广州独特的地理决定它在对外贸易方面的先天优势。明代之后，随着西方列强的崛起，中国的外交已经转为守势，海防安全成为政府考虑的重点。1757年，乾隆皇帝下达了关于洋船只许在广东收泊不得再赴浙省的上谕，也就是从这一年开始，中国的对外贸易格局由多口通商变成了一口通商，偌大的清帝国只剩下广州一处口岸延续对西方的贸易，并垄断中国对外贸易达85年之久。广州何以成为政府的首选？其中地理上的先天优势无疑起到了决定性的作用。不同于中国其他的港口，广州在远古时代是珠江的出海口，是一个典型的咸水港，经过长时间的河道淤积，港口一路外迁，才由海港演变成内河港口。而这个过程也塑造了广州港独特的地理风貌。乾隆帝在将四口通商改为一口通商的上谕中写道：虎门黄埔设有官兵，这比宁波外洋船只可以扬帆直至要安全得多。虎门海口是洋船进入广州的要塞，这里有金锁铜关的天险可守，并且虎门各处都筑有坚固的海防工事。另外，虎门内部的内河港口黄埔又是抵达广州的必经之路，从虎门至黄埔，河道复杂，没有中国领航员的带领，外洋商船难以自由出入，这比宁波、泉州这些古港辽阔的海面要安全得多。因此，广州作为大清帝国唯一的通商口岸不过是税收利益向海防安全妥协的产物。

正是依靠这种垄断的力量，广州书写了一段辉煌的商业历史。这是末代王朝开向世界的唯一一扇窗，它一方面把中国积累千年的物质和精神文明源源不断地输出到世界的每一个角落，同时也在有限的区域内吸纳着西欧来风，把一种来自西方的完全不一样的文明嫁接在老迈的帝国躯体上。这个时候，管理中国外贸的机构已经不是唐宋以来设立的市舶司，而是带有官方和民间双重性质的商业团体"三十六行"和"十三行"。垄断所获得的收益是巨大的，清代文人屈大均的诗充分描绘了极盛时期广州贸易的繁华："洋船争出是官商，十字门开向二洋，五丝八丝广缎好，银钱堆满十三行。"

> 追古抚今，广州独一无二的外贸地位独树一帜，而广州的对外贸易传奇此刻仍在延续。
>
> Guangzhou's unique status in foreign trade has been unparalleled in the past, and the legend of its trade continues now.

● "广交"天下货品

追古抚今，现在广州的对外贸易已经和行政性垄断再无关联，市场化改革已经将广州的海外通商故事彻底改写。但是广州的对外贸易传奇仍在延续，而它最为耀眼的标志则是和一场叫作广交会的商贸盛会有关。这个正式名称叫作中国进出口商品交易会的会展能够落户广州，也体现了诸多机缘巧合，而它最初的20年历史（1957—1978年），仍然带有强烈的官办性质，并垄断了中国的绝大部分对外出口。

冠以中国的进出口商品交易会之所以选在远离政治中心的广州，偶然中似乎透着必然。新中国成立之初，百废待兴，为了筹集购买主要战略物资的外汇，1954年和1955年，华南物资交流大会在广州开办。由于毗邻香港、澳门，内地物资很快被来自港澳的华侨一抢而空。时任外贸部广州特派员的严亦峻注意到了这个细节，并萌生了将这个交易会固定下来、长期办下去的念头，最后经过周恩来总理的审批，1956年9月，以中国国际贸易促进会名义主办的"中国出口商品展览会"推出，这便是广交会的前身。1957年4月25日，中国出口商品交易会即广交会正式举办，此后开启了广州长达30年的独一无二的外贸地位。

今天，这个1957年时从1开始跳动的数字已经来到了133，意味着广交会已经步履如一地走过了整整67年。在这期间，中国的经济体制几度改革，广交会却从未被废止，如时钟般可靠，把这座千年商都带到了制度性开放的新时代。它穿越了1957年以来中国发展历程中所有的重大事件而从未间断……广州商贸文化的强大基因造就了中国外贸史上一个伟大奇迹。

以上便是广交会的前世今生。但是如果我们把广州的交易会放到一个更宏大久远的背景里去考察，我们会发现广州举办"交易会"的时间还可以再往前推进400年。尤其是广交会和400年前的广州交易会在某些细节上的惊人吻合，让我们不得不承认历史是有连续性的。

葡萄牙学者施白帝的研究表明，早在嘉靖二十九年（1550

年），盘踞澳门的葡萄牙人就和明政府达成协议，在广州举办半年一度的"交易会"，葡萄牙也借此获得在中国人和日本人之间贸易的垄断权。万历八年（1580年）"交易会"确定为春秋两季举行，这一点与如今的广交会一致。将交易会安排到春秋两季主要是出于以下原因：首先，当时的商船动力性较差，往往需要借助季风来驱动航行。当时活跃在东南亚一带的葡萄牙商船每年秋冬间乘着东北季风，载着丝绸和瓷器等中国货物，抵达望加锡；次年春夏间，乘着西南季风，将檀香木等香料以及钻石等货物运回澳门，等待赴广州贸易。其次，农产品和某些手工制品的生产具有季节性。如今的广交会虽然也是在春秋两季举办，但原因已不大相同，因为现在的货轮再无须季风驱动，但是商品的季节性仍然是这种制度安排的重要缘由。

西方文献对广州的"交易会"多有记述。葡萄牙史学家徐

> 嘉靖二十九年（1550年），葡萄牙人与明政府达成协议，在广州举办半年一度的"交易会"，"季风下的土地"孕育出新的贸易生机。1956年9月，以中国国际贸易促进会名义主办的"中国出口商品展览会"推出，这便是广交会的前身……
>
> In 1550, the Portuguese reached an agreement with the Ming government to hold a semi-annual "trade fair" in Guangzhou, and "Lands below the Winds " started to breed new trade opportunities. In September 1956, the "China Export Commodities Fair" was launched, which is the predecessor of Canton Fair ...

> 当改革的春潮再起，广州的开放基因注定会被再次唤醒，并书写出广州海外商贸篇章中华美绝伦的另一页。
>
> When the tide of reform rises once more, Guangzhou's open gene is destined to be reawakened, marking the beginning of another chapter in the city's history of overseas trade.

萨斯提道："一个连续数月的集市首次在广州出现后，以后每年两次；一月份澳门商人开始购买发往马尼拉、印度和欧洲的商品；六月份则购买发往日本的商品，以便及时备好货物，使商船能够在西南和东北季风开始时按时起航。"季风在古代海运贸易中的作用举足轻重，因此东南亚地区也往往被西方商人称为"季风下的土地"（Lands below the Winds）。

如今，很少有人再去追溯广交会如此遥远的历史，但是，不能否认的是，广州作为一个外贸城市与这段过去血脉相连。改革开放后，市场经济的推行使得广交会再无任何垄断色彩，它当年所承载的国家使命也逐渐消弭。有人担忧失去官办背景的广交会，会逐渐被侵蚀，甚至被取代，殊不知最古老的广州交易会即源于民间，绝对是市场的产物。这是一个来自市场的自发存在，如今重归市场，经得起历史长河的淘洗。

因为，所有的历史都是连续的，当改革的春潮再起，广州的开放基因注定会被再次唤醒，并书写出广州海外商贸篇章中华美绝伦的另一页。

回望世界经济史上的
19××年

20世纪的世界经济并未在1900年准时开启，也没有在2000年戛然而止。至少在1914年以前，这个世纪里发生的事情，都是19世纪自由放任经济体系的自然延续。而在21世纪的前10年，全球化、放松管制、投机式金融创新以及紧随其后的大衰退，同样是上一个百年的遗产。

但是，公元纪年让人们习惯了以一个百年为单位去切割历史，100年是大多数人生命的极限，这就意味着全景式展现这个百年的尝试是一种徒劳。但是，即使时间总是均匀流淌，而历史并非如此。总有那么一些节点显得与众不同，恰如茨威格所言：

> "历史大部分时候是个编年史家。他冷漠而持久地穿针引线，将那根巨大的历经千年的链条环环相连，因为所有的巅峰时刻都需要绸缪，所有的非凡之事都需要酝酿。一个民族，总是上百万人中才涌现出一位天才。世界总是在荒疏了漫长的无为时光后，真正的历史性时刻，人类群星闪耀的时刻才悉数登场。"

现在，站在21世纪的经济丛林中，回望经济史上离我们最近的这一个百年。当剥离那些"漫长的无为时光"后，我们会发现有6个年份脱颖而出。它们就像铆钉一样，定义了20

世纪的方位。如果我们逐步缩小光圈，由近及远地观察这一面最清晰的历史之镜，就会从中发现今天的自己。

最大光圈中率先映入的是1999年，20世纪经济在这一年走向终了。当全世界的人们翘首以盼千禧年的到来之时，在一个最具全球化表征意义的城市西雅图，上演了两类人群的世纪对决。《1999：从西雅图到达沃斯》将两类截然不同的人群分置在全球化的两端，让他们在这个世纪的末尾决绝地对峙。从西雅图到达沃斯的飞行距离是8563公里，但是对于西雅图人和达沃斯人来说，他们之间好似横亘着万水千山一样遥不可及。

经济史学家霍布斯鲍姆将20世纪经济描述为一个历史三明治：两点之间大约四分之一世纪的"黄金时代"，夹在两段同样漫长且充满灾难、解体和危机的历史时期之间。而1999年关于全球化的混乱，更是映衬出这个"黄金时代"的可贵。《1973：枯竭的繁荣》回顾了"黄金时代"世界经济的高歌猛进，也清点了世界经济天空上悄然卷积的乌云，它们在1973年终于汇聚成世纪惊雷。如同中国历史上的万历十五年那般，世界运行的轨迹在1973年前后发生了深刻的、令人始料未及而又不可逆的转折。

如果说1973年是黄金时代的休止符，那么1952年则是黄金时代的美妙开端。《1952：穿越七十年的"指路明灯"》以英国女王伊丽莎白二世登基为起始，她的近百岁人生虽然见证了英国经济走向暗淡，却也目睹了殖民地国家走向独立之路。另外，这一年持续5天的伦敦雾霾更是为工业时代的经济发展模式敲响了警钟，环境从此成为高悬在人类发展之上的命题。1952年的一豆烛火，在70年后的今天看来依然不失为一盏指路明灯。

越过二战的硝烟，光圈中呈现出20世纪另一个"不安分"的时点——1933年。1929年爆发的大萧条残酷地洗劫了一战后资本主义世界艰难积累起来的繁荣。举目四顾，前路茫茫，世界经济又来到一个岔路口上。《1933：道路分化和20世纪的岔路口》以这一年上台的两位重要历史人物为背景，试图厘清关于国家经济治理的要义。罗斯福和希特勒都是以声讨自由放任的经济政策而初登历史舞台，但是他们的新政将两个工业大国引向迥然殊途。罗斯福领导下的美国终成世界霸主，希特勒带领下的德国则"和鬼魂们一起，在歧路迎接日落"。

《1913：欧洲落幕》把我们带回一战以前，那个时代的欧洲一如白雪皑皑的奥林匹斯山上的希腊众神：自身位于高处，脚下是广袤的大地。但是在历史看来，这样的雄姿意味着欧洲有从崖边跌落的危险。人类历史真正的第一轮全球化至此已经奔驰百年，它曾为欧洲带来的蜜糖，最终化为了砒霜。

继续旋动光圈，我们发现镜头深处映照出20世纪的第二个年头。虽是崭新纪元，但是世界经济却没有在这一年迎来新生。《1901：变革序曲》以走马灯式的转场为我们呈现了一个旧时代的落日余晖。场景看似彼此独立，但其中又玄机暗藏。那个未知却终将来临的新时代正在经历它艰辛且伟大的试错。

20世纪百年经济风云浩荡，细节几不可辨。那些在历史的烟尘中摇曳的19××年们，不约而同地指向了身处21世纪的我们。

1999：从西雅图到达沃斯

1999: From Seattle to Davos

○文 鲁晓东

> 从西雅图到达沃斯的飞行距离是8563公里，但是对这两类人来说，他们之间好似横亘着万水千山一样遥不可及。
>
> 这两个先后召开的国际会议仅仅相隔了59天，但是却横跨了两个世纪。
>
> The distance from Seattle to Davos is 8,563 kilometers, but for these two groups of people, they are as far apart as a thousand miles.
>
> The two successive international conferences were held just 59 days apart, but they spanned two centuries.

如果没有发生在西雅图的那一场骚乱，20世纪的经济也许会有一个更加美好的结尾。

此时，来自哈耶克和弗里德曼的自由放任经济治理思想在经历了70年代的争论之后，已经彻底占据了舆论和政策的高地；互联网革命带动科技产业催生的美国新经济高歌猛进，20世纪最后一年的美国实际国内生产总值（GDP）增速达到了惊人的4.2%；由于贸易和投资壁垒的显著下降，跨国公司正忙于在全球范围内配置一个高效的供应链；亚洲从金融危机的余悸中逐渐觉醒，复苏的迹象初现端倪；在美国和亚洲新兴经济体的推动下，1999年世界经济增长势头强劲；刚刚成立4年的世界贸易组织（WTO）踌躇满志，1999年11月15日，中美双方经过13年的艰苦谈判，终于就中国加入世界贸易组织的问题达成初步协议。这个世界上最大的发展中国家重返全球经贸规则体系指日可待，这无疑是朝着自由贸易的终极目标又前进了一大步。

承载着重要使命的第三届世界贸易组织部长级会议落户西雅图，让当时的华盛顿州州长骆家辉（Gary Locke）和西雅图市长保罗·谢尔（Paul Schell）兴奋不已。因为华盛顿州自诩全美最依赖贸易的州，而西雅图是自由贸易的典型代表。

无论从哪个角度看，西雅图这个终年多雨的城市对于全球化都有着巨大的表征意义。这是北美第四大港口，也是美国最靠近加拿大的港口；5年前签订的《北美自由贸易协定》让这里变得愈加繁忙；未来的互联网商业巨头亚马逊的总部坐落于此；波音公司让西雅图成为世界航天器制造业中心；刚刚发布Windows 98操作系统的微软公司总部已落户于该市的雷德蒙德街区；这里也是遍布全球的咖啡业第一品牌星巴克的故乡……

但在1999年，世界却以另外一个方式记住了这个城市。

> 把本次世界贸易组织部长级会议失败的原因归结到西雅图的示威者身上终究有些勉为其难。这个在历史上看似颇为成功的组织本身似乎隐藏着某些更为深层次的结构性矛盾。在这次会议上，发展中国家和发达国家就像黑暗中行驶的两艘船擦肩而过。
>
> It is difficult to attribute the failure of the WTO ministerial meeting to the demonstrators in Seattle. Some deeper structural contradictions seem to lie within the organization itself, which has historically appeared to be quite successful. At that meeting, developing and developed countries had passed each other like two ships sailing in the dark.

● 一、西雅图夜未眠

1999年11月29日，来自波特兰的约翰·塞勒斯选择在西雅图市中心的一个建筑脚手架上一跃而下，随即一个巨大的横幅在他的身后展开，上面印着两个上下平行的单行道标志——一个写着"民主"，另一个写着"世界贸易组织"，而箭头则指向了相反的方向。

因为这一独具创意的举动，塞勒斯被西雅图警察逮捕，但是很快就在第二天被保释。因为此时警察们开始忙于对聚集于街头的和平抗议者发射催泪瓦斯,一场更大规模的冲突正在上演。

这一切的起因是1999年的世界贸易组织第三届部长级会议将于11月30日在西雅图的华盛顿州贸易会展中心召开,世界贸易组织将在这里启动雄心勃勃的新一轮的贸易谈判。

这是一场蓄谋已久的活动,因为实施方案早在几个月前就已经紧锣密鼓地酝酿了。参与者们通过当时最时尚的通讯方式互联网来传递抗议活动的信息。示威者群体包含了环保主义者、工会、原住民团体、国际非政府组织和学生等。据估计,最后走向西雅图街头的示威者不少于4万人,其规模之大令美国以往任何一次针对世界贸易组织、国际货币基金组织和世界银行等经济全球化相关组织的示威活动都相形见绌。

由于西雅图警察的策略性失误,原本打算以非暴力方式进行的游行最终演变为一场暴力混战。在人群最为集中的会议中心入口,警察向聚集的人群发射催泪瓦斯和橡皮子弹。随后,无政府主义团体开始毁车砸窗,麦当劳、耐克、星巴克、宜家等被认定为具备典型"全球化"特征的跨国公司店铺成为主要的被破坏对象。这场示威活动最终造成了约2000万美元的财产和销售损失。

抗议活动及冲突在随后的几天内持续不断,直到12月3日世界贸易组织宣布本届会议无果而终。世界贸易组织要商谈的内容究竟是什么,以致如此"千夫所指"?本次会议代表之一,法国财政和工业部部长关于本次会议的比喻或许能够透露一些真相。他说，世界经济就像是橄榄球运动，在激烈冲撞的同时还要严格遵守比赛规则。西雅图会议就是一个制定规则的会议。

但致命的问题是，尽管主要国家的会议代表有为下一个世纪的全球经济制定一套完美规则的雄心，但他们显然缺少清晰的行动路线图。巴西外长兰普雷亚会前预言："预先没有达成任何默契的会议将是非常复杂和难以成功的会议。"他还补充道："西雅图会议是一张白纸。"

事实证明，最终在这张白纸上留下痕迹的并不是100余名贸易部长，而是数以万计的示威者。英国《金融时报》说："抗议活动只是一种警示性信号，它表明民众对全球化力量的担忧已经达到非常令人不安的程度。"

这次活动后来被称为"西雅图之战"，并有一个专属的事件代号——N30。虽然这并不是活动家们第一次向全球化发起挑战，但它的规模和影响标志着活动家们策略演变过程的一个决定性时刻。从结果来看，这应该是大规模街头抗议活动第一次成功地中断了世贸组织会议，并使饱受批评的贸易谈判陷入僵局。这场本应标志着西雅图登上世界舞台的活动，却成了全球正义运动的新标杆。它让组织者们意识到"抗议活动不必再枯燥乏味"，而且活动并不一定只是一个形式，它也可以产生实质性的后果。

当然，把本次世界贸易组织部长级会议失败的原因归结到西雅图的示威者身上终究有些勉为其难。这个在历史上看似颇为成功的组织本身似乎隐藏着某些更为深层次的结构性矛盾。100多名与会的部长怀揣着各自国家的计划，但这些计划的同类项在1999年已经少到有些可怜。正如美国贸易代表巴尔舍夫斯基事后反思道："发展中国家没有听我们在说什么，我们也没有听这些发展中国家在说什么。我们就像黑暗中行驶的两艘船擦肩而过。"

> 目前世界贸易组织这个国际组织及其分支机构依然遍布全球，但是它的实际寿命已然终结。句点就画在1999年的西雅图。
>
> The WTO remains an international organization with branches worldwide, but its practical effectiveness has come to an end, marked by the event in Seattle in 1999.

● 二、世界贸易组织何以成为众矢之的

在现代社会，贸易是一项再普通不过的活动，几乎没有人能够彻底离开它而生存。但是，当这项活动跨越国界的时候，情况就变得复杂起来。

如果单纯认为是西雅图的抗议活动导致本次部长级会议无果而终，那就过于肤浅了。世界贸易组织内部也存在巨大的问题。这次会议的主旨是启动新一轮的贸易谈判，为全球贸易校准前进的罗盘，但这个使命对于刚刚成立4年的世界贸易组织来说有点过于宏大了。

当然，世界贸易组织的信心也并非完全无处安放，因为它承载的是47年前新秩序制定者们的万丈雄心。

1945年二战停战前的30年，整个世界是在战争、暴力、动荡和骚乱中度过的，"新三十年战争"以及夹杂其中的大萧条，连同臭名昭著的保护主义措施让新世界的重建者们开始反思未来全球世界的运作方式。他们认为这个联系日渐紧密的地球需要一个更加有效率的协调机制。因此，联合国、国际货币基金组织、国际复兴开发银行（后更名为世界银行）等国际组织纷纷建立，成为各个国家可以广泛交流和充分沟通的舞台。

1944年的布雷顿森林会议除建立了国际货币基金组织这个国际货币政策机构以外，与会各方承认有必要建立一个类似的国际贸易机构，以弥补国际货币基金组织和世界银行在贸易协调功能上的不足，旨在通过一个多边框架约束成员国的贸易保护冲动，推进全球贸易自由化。1947年的联合国贸易和就业会议将这个还未成立的组织定名为国际贸易组织（International Trade Organization），并由美国及其战时盟国主持召开一系列谈判。

初战告捷。1947年4月，23个国家在瑞士日内瓦签署了《关税与贸易总协定》，并于1948年1月1日起临时实施。该年3月，内容更加广泛且孕育着"国际贸易组织"（ITO）的《哈瓦那宪章》在古巴谈判达成，但由于美国认为自己的利益在《哈瓦那宪章》上并未得到充分体现而拒绝签字，这个宏大的安排最终搁浅。而之前就已经开始实施的临时协定一直"临时"到了1995年世界贸易组织成立之时。

尽管缺乏一个名正言顺的身份，但后来1947年的事实证明，《关税与贸易总协定》取得了意想不到的成功。它协调的重点内容是货物贸易，主要是通过降低关税和取消成员国之间的配额来实现贸易自由化。《关税与贸易总协定》的每个成员国都应该平等地向其他成员国开放市场，消除贸易歧视。从1947年的日内瓦到1986年的乌拉圭，八轮旨在推进贸易自由化的谈判将全球工业品的平均关税从1947年的40%降至1993年的不到5%，缔约国总数也达到了123个。在20世纪迈向经济全球化的征途上，《关税与贸易总协定》居功至伟。也许正是在这种非凡成就的激励下，一个更具野心的机构——世界贸易组织（WTO）在1995年1月1日正式成立，它将继承《关税与贸易总协定》的光荣使命，推动整个世界朝着贸易自由化的终极目标挺进。

但是，这个新生的组织注定命运多舛，它起航不久便遭遇了空前阻击。

1994年，谈判代表在马拉喀什签署乌拉圭回合最后文件，这些谈判促成了世界贸易组织的成立。

尽管过去50年在开放市场方面取得了巨大进步，但农业、纺织业和航运业等世界经济的大部分领域仍然受到高度保护，新的更具隐蔽性的贸易壁垒也不断出现。在世界各地，反倾销税、反补贴税等以"贸易救济"为理由的保护主义措施在一些敏感产品上屡试不爽。当时，仅美国一国就已经实施了大约

300项反倾销税，甚至非法的"自愿出口限制"也重新出现。发达国家和发展中国家的利益诉求出现了难以调和的分歧。对美国和欧盟的高额农产品补贴，巴西、印度等农产品发展中大国耿耿于怀。而在服务业方面，发达国家对发展中国家在金融、计算机、运输、电信行业以及人员流动的限制也是怨念已久。

显然，解决这些棘手的问题已经远远超过了世界贸易组织的能力所及。

世界贸易组织所倡导的多边框架是以美国为主导建立起一种秩序，尽管它是在吸取20世纪头40年的教训之上建立的。它在高效运转了50年后已经疲态渐显，进入边际价值递减的轨道。与1950年相比，全球贸易总额已经增长了15倍，经济总量增加了6倍。新的贸易问题层出不穷，要协调如此庞大且复杂的事项，世界贸易组织显然力有不逮。在新的世纪，在多哈、在坎昆、在香港、在釜山，它一次又一次地复现西雅图设定的悲情命题。

目前这个组织及其分支机构依然遍布全球，但是它的实际寿命已然终结。句点就画在1999年的西雅图。

● 三、西雅图离达沃斯有多远？

达沃斯是瑞士东南部的一个小镇，作为阿尔卑斯山区规模最大、海拔最高的滑雪胜地，这里每年会吸引大量的滑雪运动爱好者。

> 自成立以来，达沃斯论坛就成为全球化最坚定的支持者。无论遇到何种困难，这些全球化的赢家们似乎总有一种屏蔽不和谐声音的特异功能，始终如一地表达着对全球化的积极乐观心态。
>
> Since its inception, the World Economic Forum has been the strongest supporter of globalization. Regardless of the difficulties encountered, these beneficiaries of globalization appear to have a special ability to disregard dissenting opinions and consistently express a positive and optimistic attitude towards globalization.

但这个地方真正具有国际影响力还是在1971年以后。这一年，日内瓦大学商业学教授克劳斯·施瓦布倡议举办了第一次达沃斯会议，1987年，达沃斯会议正式更名为世界经济论坛，又称达沃斯论坛，目标是"致力于改善世界经济状况"。每年在1月举行的年会上，来自全球工商业、政治、学术、媒体等领域的领袖人物都会在此聚首，讨论世界面临的最紧迫问题。

自成立以来，达沃斯论坛就成为全球化最坚定的支持者。无论遇到何种困难，这些全球化的赢家们似乎总有一种屏蔽不和谐声音的特异功能，始终如一地表达着对全球化的积极乐观心态。

2000年1月27日，达沃斯论坛第30届年会在这里如期举行。也许是对西雅图的混乱气氛心有余悸，美国《新闻周刊》在会前不无忧虑地说，世界经济的发展就像是滑雪运动，快速而刺激，而旁观者总是担心它会出什么事故。

这是新千年的首届年会，30多个国家的政府首脑、数十名部长，以及包括戴尔公司总裁戴尔、美国在线的史蒂夫·凯斯在内的1200多名工商界领袖和650多名记者，共3500多人云集于此。全球最引人注目的两个比尔都来了，一个是当时的世界首富——美国微软公司的比尔·盖茨，另一个是时任美国总统比尔·克林顿。

虽然没有收到论坛的正式邀请函，但在会场外一个更大的群体也来了，他们中的很多人是从西雅图转战至此的反全球化人士。这一次他们把矛头指向了主导本轮全球化的美国。在克林顿发表演讲的会场附近，约2000名示威者高举着"克林顿滚回去！"的旗帜。还有一些抗议者打碎了一家麦当劳餐厅的玻璃，砸烂了几辆汽车，他们还在各国政要下榻的酒店门前焚烧美国国旗。

而克林顿的演讲丝毫没有照顾到这些愤怒的情绪，他秉持的仍然是精英人士的那套说辞——全球化跨越了国界，打碎了国家间的壁垒，使经济运行方式发生了革命性变革，国家与个人之间、经济与文化之间的障碍正在消除。在过去的几十年中，只有推崇国际贸易自由化的国家才真正获得了成功，并踏上了富裕之道。开放市场和自由贸易是促使全球经济繁荣的最好方式。

按照经济学家理查德·鲍德温在《失序：机器人时代与全球大变革》一书中对全球化的阶段划分，此时的世界经济正处在全球化3.0版本快速形成的过程中。在交通、信息和通信技术革新的加持下，贸易的成本快速下降，以生产分割为特征的跨国供应链体系建立起来。对此，阿文德·萨勃拉曼尼亚（Arvind Subramanian）称之为超全球化，加里·格雷菲（Gary Gereffi）称之为全球价值链革命，艾伦·布林德（Alan Blinder）称之为离岸外包。在这个世代，产品的国家属性逐渐淡化，美国的耐克、德国的阿迪达斯、日本的丰田，这些曾经无比准确的表述开始变得模棱两可。因为生产过程在全球的地理分离，使得中间品开始取代最终品成为贸易的主体。一个高科技与低工资相结合的制造业新世界在20世纪的最后一个十年逐渐浮出水面。这种新的组合不仅扰乱了那些努力与高工资和高科技竞争的工人的生活，同时也给那些努力与低工资和低技术竞争的工人带来影响。富国、穷国以及被全球化卷集其中的各类人群迅速分化成两个阵营，赢家叫作达沃斯人，而输家叫作西雅图人。

2008年诺奖得主、美国经济学家克鲁格曼说，"达沃斯人"和"西雅图人"的想法都是全球化的产物。从长远来看，全球化往往会为参与者带来富裕；但从短期来看，全球化引起的变革则会让人陷入困顿。"达沃斯人"看到长期的好处，"西雅图人"看到这种变革的短期成本。

从西雅图到达沃斯的飞行距离是8563公里，但是对这两类人来说，他们之间好似横亘着万水千山一样遥不可及。

这两个先后召开的国际会议仅仅相隔了59天，但是却横跨了两个世纪。

● 四、留给新世纪的谜题

1999年11月30日，在这个世纪即将走完的时刻，一种叫作"反全球化"的思潮和行动席卷而来，把这个世界送入新的世纪。对于"经济世界里不同角落的人该如何相处"这个问题，尽管这个世纪的人们作出了卓绝的努力，也在某些领域取得了巨大的成功，但是存在的问题依然比已经解决的问题要多得多。

千禧年的晨曦即将照射进来，光线所及，既有西雅图，也有达沃斯。

1973：枯竭的繁荣
1973: A Year of the Faltering Splendor

○文 马楷颖

> 如同中国历史上的万历十五年那般，1973年前后，世界运行的轨迹发生了深刻的、令人始料未及而又不可逆的转折。现今回望，被冠以"奇迹"的大范围经济高速持续增长并不是无源之水、无根之木。
>
> Much like year 1587 in the Ming Dynasty of ancient China, around 1973, the trajectory of the world took a profound, unexpected, and irreversible turn. Looking back, the widespread and long-lasting economic growth, dubbed the "miracle," was neither an infinite source nor deeply rooted.

在世界历史的长河之中，1973年发生的一切在许多人眼里并无特殊之处。与旷日持久的两次世界战争相比，历时20天就匆匆结束的第四次中东战争——也许称其为"赎罪日战争"会更加吸引眼球——也不过是政治势力之间又一次肮脏而寻常的博弈。似乎一切只是砸进平静水面的一颗微小而恼人的石子，随之而来的石油危机也不过是水面泛起的涟漪，在4个月过后便潦草结束，远不如席卷全球的"大萧条"那般直观地影响数以亿计人口的生计。但是，就如同中国历史上的万历十五年那般，1973年前后，世界运行的轨迹发生了深刻的、令人始料未及而又不可逆的转折。

● 休止符前的黄金时代

1945年9月2日，日本代表在美国战舰密苏里号上签署无条件投降书，标志着历时长达6年的第二次世界大战全面结束。回忆起一战结束后经济复兴所经历的坎坷与挫折，在为久违的和平、安宁与欢欣庆贺的同时，世人也无法逃避未来晦暗不明的事实。战争废墟之上的重建与复兴，难免经年累月，举步维艰。

但令人意想不到的是，在战争结束后的接近四分之一个世纪里，世界经济重整旗鼓，开始以一种前所未有的速度腾飞。

起初，经济复苏的光景在西德降下了它的谕告。于总理府地下室饮弹自尽的战争狂魔，给拥护他的人民留下的是一个社会经济陷入崩溃的德国。通货膨胀、商品短缺与随处可见的饥饿，成为弥漫在德国土地之上的战争后遗症。

1948年，以路德维希·艾哈德为首的一群曾遭纳粹政权言论限制的经济学家决心以货币改革的方式建立"社会市场经济"。在他们的努力下，价格管制最终被取消，西德自此走上了经济复苏的道路。

失业者重新获得了安身立命的工作，食品开始重返商店货架。两年间，西德的工业产出增长了3倍。西德的产出增长速度远远领先于战争的战胜国们，而这并不是什么短期的疯狂。1955年，西德的生产总值占西方主要工业国的比重高达9.3%，超越了战争的战胜国英国（8.5%）、法国（4.4%）与意大利（3.3%）。当这种经济高速增长持续到20世纪60年代时，西欧其他国家的政客们终于坐不住了，他们不可思议地惊呼，这是"德国的经济奇迹"。

不久，以日本为代表的其他国家也取得了类似的经济高速持续增长。60年代到70年代的短短10年之间，日本的人均产出实现了接近5倍的增长，年均增长率高达9.6%。1960年到1963年间，意大利产出的年均增长率高达7.9%，并在接下来的10年中保持在平均每年4.9%的水平。

> 各国人民都沉醉其中，他们将这20余年安定而平和的时段称为"黄金时代"，并对这一时代的延续充满信心。除苏联的核弹头与国际共产主义运动之外，没有什么是值得担心的了。
>
> People from various countries were intoxicated by it, and they referred to the peaceful and stable period of over two decades as the "Golden Age," brimming with confidence in its continuation. Apart from concerns about the Soviet nuclear arsenal and international communism, there seemed to be little to worry about.

经济学家惊喜地发现，"经济奇迹"成群结队地出现在世界各地。从1950年到1973年，全世界所有居民的人均收入实现了2.92％的年均增长率。在1973年，人均收入的年增长率甚至达到惊人的4.5％。这是一个怎样的概念？假如维持4.5％的增长速度，全世界的个人收入在16年后的1989年就可以翻倍。

现在回望，被冠以"奇迹"的大范围经济高速持续增长并不是无源之水、无根之木。持续且高强度的世界战争的结束，直接促成了世界各地的经济增长奇迹，各国经济在经历了连年的紧缩后，终于迎来了需求的反弹；同时，由于政府对商业投资的战时管制而积存的利润在战后得以释放，许多企业的投资生产活动逐步扩大。

当然，以上都不足以完全解释长期的经济高速增长。如果从经济学的内部视角来看，这一系列现象更深层次的原因是各地劳动生产率的逐步攀升让社会财富快速累积，在1948年后的25年间，北美地区的劳动生产率翻了一番，欧洲则增长了3倍，日本的增长更是高达5倍。但假如我们从一种更为宏观的视角看待这一时期，也许正如安格斯·麦迪森的《世界经济千年史》中阐明的那样，"世界经济在1950—1973年比任何时候增长都要快……其原因是先进的资本主义国家创造了一种新型的自由国际秩序"。

在战后的数年内，国际货币基金组织、世界银行相继建立，《关税与贸易总协定》也成功签署，这代表着各国政府之间开始进行广泛而深入的合作，消减关税开始提上日程，其他贸易壁垒也开始一并取消。这些举措促使边境贸易大量增加，使得国际贸易的发展与生产率的提高相匹配。

在世界各国相继迈入发展快车道的环境下，各国居民的收入都明显增长，工作稳定得到了保障，居民部门的购买力也相应地有所提高。在英国，有接近五成的家庭拥有属于自己的产权住房。财富、稳定的工作与福利条件正是幸福生活的同义词。在1972年的民调中，高达80％的大不列颠公民"相当满意"自己的生活现状。

这样如梦似幻的时代，让各国人民都沉醉其中，他们将这20余年安定而平和的时段称为"黄金时代"，并对这一时代的延续充满信心。他们相信，经济发展已经发生了质变，哪怕短期内周期性的经济危机仍然存在——虽然已经20余年不曾出现了——但放眼长期，至少目前经济增长率已经迈上了一个新的台阶。除苏联的核弹头与国际共产主义运动之外，没有什么是值得担心的了。

颇为讽刺的是，每个"黄金时代"的下场都不怎么好，但人们还是愿意使用这样晦气的词语，天真地祈祷着它永世长存。

● 山雨欲来

事实上，在繁荣时期乌云就开始聚集。

20世纪50年代到60年代持续而稳定的经济高速增长，让各国的决策层无比自信地认为自己的国家能够在保持出口导向型经济增长的同时，化解由此造成的就业、居住方式等方面的结

> 风雨欲来，70年代开启，国际货币体系摇摇欲坠。1971年8月15日，尼克松政府决定解除美元与黄金的挂钩，以美元为中心的布雷顿森林体系正式走向终结。
>
> However, as the 1970s began, a storm was brewing, with the international monetary system on the brink of collapse. On August 15, 1971, the Nixon administration decided to sever the link between the US dollar and gold, marking the formal end of the US-dominated Bretton Woods system.

构性变化带来的矛盾。

但其实，1968年至1970年间，通胀螺旋的变化已然清晰可见。

从20世纪60年代后期开始，特别是在1968年左右，经济过热已经开始导致几个国家工资暴涨。同时，工会要求按照对工人有利的方式进行利润的再分配，鼓动工人罢工，政治动荡不断升级，出现了1968年法国的小型革命、德国的社会动荡和1969年意大利的"热秋"运动。在关键物资价格还没上涨的情况下，美国和欧洲各国的通货膨胀率一直飙升。1970年，瑞典的消费品价格上涨了8.1%，葡萄牙物价上涨了15%。

此时，国际货币体系已经摇摇欲坠。

各种货币兑美元的价格波动越来越大，美国的国际收支赤字也显著增加。1971年5月，美国就出现了第一次月度的贸易逆差。这引发了各国对美元的恐慌性抛售，美元陷入了信任危机。到这一年的8月15日，尼克松政府决定解除美元与黄金的挂钩，以美元为中心的布雷顿森林体系正式走向终结。

尽管如此，大多数人还是对未来注定一片光明这件事保持着乐观与自信。他们认为，在政府主导下的以充分就业为目标的经济治理模式，无论何时都可以在经济模型的指导下，通过一系列的财政货币政策解决短期内的经济问题。

事实上，1973年的1月是美国建筑工人有史以来第二个最忙的月份，而日本的房价此时还在飞涨。这一年的第一季度，英国工厂的产能利用率达到了94.7%，是有史以来的最高纪录。同年6月，发达国家俱乐部经济合作与发展组织认为，在接下来的12个月里，"经济会保持持续强劲扩张的态势，大多数国家的失业问题都会得到改善"。

● 石油危机

20世纪60年代，沙特阿拉伯的石油产量傲居世界第三。

但他们并没有收获应有的尊重与利益。

二战过后，美英两国组成的石油组织在事实上掌控着全球的石油交易。美国财团阿拉伯—美国石油公司一直以来都在抽取沙特阿拉伯的石油资源，每桶石油只付30美分的特许使用金和32美分的所得税。

沙特阿拉伯为了改变本国石油被掠夺和贱卖的局面，在1960年，联合其他四国，成立了石油输出国组织，也就是更为人所熟知的欧佩克（OPEC），从此开启了与美英等国之间的石油权力斗争。

在沙特阿拉伯石油部长亚马尼的不断努力下，欧佩克的影响力日益增长，石油产出国的议价能力逐步提升。

> 石油作为枪炮的经济战争开始了，对英美列强的新仇旧恨，中东世界将一并清算。
>
> Economic warfare, with oil as its weapon, was initiated. New and old grudges against British and American powers were simultaneously being settled in the Middle East.

当时正值布雷顿森林体系瓦解，以美元为标价的各石油输出国不得不承受巨额的利益损失。与此同时，阿拉伯国家与以色列犹太人之间的矛盾愈演愈烈，逐渐变得不可调和，边境的军事冲突不断扩大。

阿拉伯国家对本来掠夺石油资源，如今又在以色列背后撑腰，鼓动局势升级的美英等国颇为不满，决定新仇旧恨一并清算。

1973年4月，沙特以石油为要挟向美国发难。沙特王子要求美国解决阿以冲突，并改变中东政策，将阿拉伯国家的利益考虑在内，否则就和其他国家一起抬高石油价格。

在多轮谈判后，双方同意将石油基准价提高到每桶2.9美元，并将原油基准价盯住与美元挂钩的一揽子货币。如此一来，美元进一步贬值时，石油价格就会自动上涨。

但欧佩克成员国并不就此满足。

1973年10月6日，在犹太人赎罪日的下午2点，埃及空军对以色列发动突然袭击，同时，叙利亚军队对以色列发动进攻。同月16日，欧佩克成员国发布了原油的基准价——每桶5.12美元。一天之后，他们决定将石油减产10％，并在接下来的每月递减5％。

石油作为枪炮的经济战争开始了。

当时西方工业世界的繁荣是建立在低廉的石油价格上的。20世纪70年代之前，国际原油价格最低是每桶1.8美元，仅为煤炭价格的一半。在1973年的10月16日之后，这样的好光景不复存在。当时，大约每桶3美元的油价一路狂飙，最高一度超过13美元。

石油危机的到来，迫使比利时、瑞士、意大利、挪威，以及那些离不开汽车的西德人度过了难忘的"无车星期天"。美国国会议员们为汽油是否应该定量供给各执一词；日本也陷入了资源焦虑之中，政府决定对工厂限量供应石油以及电力，甚至要求平民百姓熄灭热水器上的加热指示灯。

世界各地的生活都受到了干扰。然而，更多的混乱正接踵而至。

● **没有鱼，也没有熊掌**

早在油价上升之前，飙高的通货膨胀率已经是个很严峻的问题。石油危机以前，各国通过行政命令的方式苦苦压制着石油价格。

此前阿拉伯半岛的黑金是高速行驶的世界经济列车的燃料。如今它把列车点燃了。

石油紧缺对通货膨胀率的影响绝非油价上涨那般简单。石油供应不足导致工厂的产能下降，市场的货物供给开始减少，无法满足消费者的需求，而商品的短缺意味着其价格面临着上行的压力，加剧了原本的通胀问题。同时，降低的生产率和抬高的生产生活成本，又导致失业率的快速上升。工人的短缺又推高了工资的价格水平，进一步加剧了通货膨胀。

面临滞胀的危机，各国纷纷出台政策应对。为了缓解通胀压力，英国冻结了物价、工资、房租，甚至股息；美国连续90天冻结工资和物价；挪威3年内连续3次颁布冻结物价的行政令；奥地利对涨价的企业征收惩罚性税收；比利时要求企业在涨价前通报政府；加拿大设立了专门机构审核涨价行为……

然而，这一切被证明徒劳无功。价格管制在试图掩盖短期供求矛盾的同时，加剧了中长期的短缺。原材料价格的上涨和消费品价格的限制，挤压了中下游企业，压制了投资意愿，反而限制了产能和供给。强调需求侧管理的凯恩斯方案，无法解决由能源供给冲击带来的困境。

人们惊讶地发现，凯恩斯主义不仅在实践上遭遇挫败，在理论上也面临着前所未有的质疑。描述通货膨胀的曲线——菲利普斯曲线也失去了意义。这条曲线揭示的国家须在充分就业和低通胀之间作出权衡甚至抉择的观点，自提出以来就收获了各地经济学家的普遍认可。但它并没有显示高通胀和经济停滞同时出现的可能,如今这一悖论正在现实上演。

这个新的经济威胁,获得了一个专属称谓:滞胀。

经济决策者和央行官员从未见过如此光怪陆离的场面,他们无法解释滞胀现象的原理,对于如何治理也束手无策。这一切让货币主义学派的弗里德曼以及他的追随者最终成为主流。

当国际和国内需求萎缩,各国本能地通过贸易保护主义来保护国内市场,减少外部竞争,扶植国内的企业,同时拼命对外争抢市场,通过输出本国过剩资本和商品来减缓国内危机,各国之间的贸易摩擦也随之而来。

1974年,美国出台《1974年贸易法》向其他国家施压,要求减少向美国出口的货物,否则美国会提高关税,直到其他国家的产品被赶出美国市场。美国各行各业,从皮鞋生产商到打字机生产商,都宣称他们受到了"严重损害",要求政府把境外竞争者拦在国门之外。

世界再一次走向了贸易保护主义丛生的困境。

> 当阿拉伯半岛的黑金点燃了世界经济的列车,价格管制变得徒劳无功,各国的自保之道似乎仅存贸易保护主义。
>
> When the "black gold" of the Arabian Peninsula ignited the economic engine of the world, price controls became futile, and nations turned to trade protectionism for self-preservation.

● 并非起始，也远未结束

一时之间，石油危机造成了世界范围内经济社会局势的混乱。但其实赎罪日战争只用了20天就潦草收场，阿拉伯国家也在得到西欧国家政治方面的支持后，于1974年3月就解除了石油禁运令。事实上，通过动用石油储备、本国石油生产商增产等手段，石油恐慌从1974年1月就开始缓解了。

但是，石油危机只是压死骆驼的最后一根稻草。

换言之，它并不是经济衰退的始作俑者，当然也远非经济衰退的终结。

在几乎所有的发达国家中都出现了生产率明显下降的现象，经济发展的停滞引发了失业与企业倒闭，游荡在大城市的无业游民随处可见，犯罪率旋即上升。与此同时，高通胀也在消耗着民众对左翼政党的耐心。面对此情此景，社会上开始弥漫着悲观的"不可治理性"论调。市场、效率、放松监管开始被政客们不断提及，私有化被认为是可能的解药。

在挥别令人失望的工党后，英国的撒切尔夫人决定将英国与福利型国家划清界限，她大刀阔斧地推行私有化，大幅降低纳税人与企业的税负，打压工会，缩减国家福利，挽救了英国奄奄一息的经济；德国的科尔、法国的密特朗和西班牙的冈萨雷斯等老练的政治家则竭尽全力，保住了二战结束以来福利型国家的发展模式，企图以国家主义模式来改善经济、刺激增长。

但是，经济刺激的作用终将消退。没有政客愿意承认，但真相就是，无论向左还是向右，经济措施都无力帮助世界经济重返繁荣。

归根结底，经济增长不可能长期快于生产率进步所允许的水平。随着农民向城市移居大潮的平息，劳动力向高生产率行业大批转移的条件已经不复存在；随着文盲的扫除，劳动力平均受教育年限快速增长的年代也已经过去。公共领域的支出仍然能够带来生产率的提高，比如修建高速公路和现代港口，但该建的大多已经建成。在20世纪70年代后期的时代节点，失去了维持战后复兴水平的土壤，生产率增速已无以为继。

在20世纪剩余的那20多年中，日本生产率平均增速从8.5%跌落到3%，瑞典则从4.6%滑落到1.2%，12个最富裕的西方发达国家的平均劳动生产率增速仅有2%，只有之前黄金时代的一半。

石油危机后发生的一切就像行驶中的汽车被踩了一脚刹车，但人们却再也找不回曾经的油门了。

> 1973石油危机后，略显停滞的现代经济，终究是无法醒来的噩梦，还是回归千百年历史长河的常态？
>
> After the 1973 oil crisis, the somewhat stagnant modern economy raises the question: Is this an irreversible nightmare or a return to the normal course of history that spans thousands of years?

● 庄生晓梦迷蝴蝶

站在黄金时代眺望眼下的时代，我们难免会感到失落与悲哀。毕竟，我们可能永远无法与这样的黄金时代再续前缘。但是，考虑到20世纪50年代至70年代是放眼历史长河都不可思议的20余年，它既前无古人，也可能后无来者，我们不禁会如此思忖，石油危机后生产率不可逆地放缓，到底是世界在经历一场无法醒来的噩梦，还是早已从一场美梦中苏醒？也许，如今的经济发展那略显停滞的形态，才是漫漫历史长河中的常态。

而1973年，可能只是世界经济发展向常态回归进程中，一个不碰巧而值得浓墨重彩描绘的年份。

1952：穿越七十年的"指路明灯"

1952: "A Guiding Light" Through Seventy Years

○文 张弛

> 1952年铺垫了20世纪乃至21世纪的一切探索与进步。
>
> The year 1952 laid the foundation for all exploration and progress in the 20th and even 21st centuries.

英国时间2022年9月8日下午，"伦敦桥倒塌"的钟声在白金汉宫响起，这位跨越20世纪最为庄严肃穆的英国和欧洲历史发展的见证人，伊丽莎白二世，终离我们而去。20世纪世界飞速变革的身影，正如这位长寿的君主一般，仍镌刻在世界经济史的回忆之中。

这不免令人想起1952年，她成为"伊丽莎白二世"的那日。她正在肯尼亚，在代替父亲"巡游"英联邦国家，从树屋下来的那一刻，她从公主"不合时宜"地蜕变为女王。当时只有25岁的她或许从未做好见证20世纪这流星般灿烂的时代的准备，或许她也未曾想过，1952年铺垫了20世纪乃至21世纪的一切探索与进步。

● 谋求独立自主的1952：不合时宜的王室上台与"独立经济"的崛起

曾经世界上最大的殖民国家，英国，在1952年迎来了一位见证着英国日落余晖的女王，或许她从未曾想过，近百岁的一生之中，自己将以国家元首的身份见证母国走向暗淡。殖民国的没落，其本质在于这个世界对以英国为代表的百年以来的殖民经济、侵略经济的不满与反抗。

独立经济体的崛起，一方面表现在第三世界国家反抗殖民的努力。1952年7月，埃及自由军官组织领导的军队逮捕了反动的高级军官，包围了王宫。7月底，英国在埃及的殖民代理人法鲁克国王迫于形势，签署退位声明，并离开埃及，流亡国外。这一年，2月女王登基，7月英国殖民代理人逃窜，以及随后20世纪非洲独立运动拓展，昔日殖民霸主的没落令人唏嘘，或许，这正是新时代来临的前兆。

另一方面，同为资本主义的其他欧洲国家，正在摒弃殖民经济的发展方式，寻求"独立自主"的经济发展模式。二战后，欧洲经济严重受挫，美国为拉拢欧洲各国并遏制苏联，正合时宜地提出了马歇尔计划——这既能帮助欧洲快速恢复经济发展，又能让欧洲最终成为美国的附庸。但对于欧洲而言，寻求经济政治独立的出路至关重要，而恰是这个计划给了欧洲独立发展新的思路——联合。

这一联合从1952年生效的欧洲煤钢共同体开始。欧洲煤钢共同体是欧洲漫长历史上出现的第一个拥有超国家权限的机构。此后，类似的经济、军事等共同体在欧洲频频出现，最后演变成了我们现在看到的欧盟。如今，欧盟以一个独立的整体出现在国际舞台上，他们能够实现经济、政治上的相对独立，这是1952年在20世纪乃至21世纪的今天留下的一个重要的烙印。

英国王室新的变革好似旧殖民经济在20世纪的残影，殖民经济是依靠剥夺国家主权而进行掠夺的经济模式，但在1952年，越来越多的经济体表达了寻求自主发展的意愿，这为当今的多极格局埋下了伏笔。在美苏冷战的背景之中，谋求自主本身是一件很艰难的事情，但是所有的努力，到今日都镌刻下了繁荣的烙印——21世纪，中国成为世界第二大经济体，成为能与美国抗衡的重要势力；欧盟至少有能力去选择自己的经济发展模式和政治态度；第三世界国家在国际上的话语权也不断增强。

独立自主背后体现的是，在全球化浪潮下一个经济体强大的"自治力"——迎接全球化浪潮，需要有不被它裹挟的定力。全球化并非一个"平等"的现象，在20世纪大规模全球化开始之前，经济体间的实力早已存在明显分化。当全球化开始之时，有的国家已然吹响了胜利的号角，有的国家仍然踟蹰不前。当相对落后的国家与处于巅峰的国家同在一个沙场上时，合理的策略就显得尤为重要。一味的模仿，或是一味的反抗，都会将自己置身于风险之中——成为发达国家的"污染天堂"，或是与发达国家完全隔绝交往，都无法抵御全球化下世界的风风雨雨。将全球化交流之中进步的思想观念，与本国优势禀赋相结合，找到一条可以抵御全球化风雨的经济发展道路，是独立发展的根本要义，也是1952年给我们的启发。

> 1952年一场雾霾的教训，激发了未来无限的可能，不论是实践上的革新还是理论上的发展。
>
> The lesson of a haze in 1952 inspired infinite possibilities for the future, both in terms of practical innovations and theoretical developments.

● 前瞻的 1952：当"环境"成为经济发展的内生变量

英国作为前两次工业革命的领导者，在物质技术较为领先的状态下，也率先成为经济发展模式转型的领路人，但是这样的领路，带着无法挽回的悲哀，也为20世纪乃至今日全球发展敲响了警钟。

两次工业革命加速了世界的运转，人们在贪婪地享受着科技的便捷时，忘记了曾经湛蓝的天空、洁净的水源、清新的空气，而当环境被破坏时，它也会反过来向人类施以报复。1952年12月5日至9日，由于低气温、反气旋、无风以及大量燃烧煤炭产生的空气污染物，一场大雾遮住了伦敦本该闪耀的工业城市的光芒。英国报道表示，伦敦雾霾导致一周内4000人的死亡，并导致10万以上的人受到呼吸道疾病影响。雾霾兵临城下，极低的能见度打乱了人们的正常生活，机场关闭，铁路严重晚点，路上的司机和行人面临着发生交通事故的危险。

1952年，人们享尽由两次工业革命后物质生活飞速进步带来的便捷时，环境终于开始重重反击。诚然，伦敦雾霾是天灾人祸不幸的巧合，但是以煤炭为主要能源的经济发展模式确实走向了必须谋求改变的十字路口。此后，在英国，许多关于清洁能源的环保法案法律出台，能源结构转型启动。

这一次，英国成为能源结构转型的领头羊。1956年，伊丽莎白二世亲手启动了考尔德霍尔核电站。这是世界上最早的商业化规模运营的核电站。在20世纪50年代，英国煤炭在其能源结构的占比几乎为100%，而现在，这一比例仅为5%。

矛盾尖锐的环境问题也催生了经济学理论创新，或许这也是1952年这盏明灯所带来的惊喜收获。20世纪，外部性理论开始在环境方面得到广泛的发展和应用。例如庇古在《福利经济学》理论中提出了"庇古税"概念，它是对任何产生负外部性的市场活动的税。该税种旨在纠正市场失灵，并通过将税率设置为等于负外部性的外部边际成本来进行纠正，最终达到恢复市场健康发展的目的。科斯定理告诉我们，如果我们能够明确产权，在交易成本为零的情况下，资源配置依然能达到帕累托最优。在20世纪末期，库兹涅茨曲线被引入了环境领域。1991年，美国经济学家格鲁斯曼和克鲁格首次实证研究了环境质量与人均收入之间的关系，指出了污染与人均收入间的关系为"污染在低收入水平上随人均国内生产总值增加而上升，高收入水平上随人均国内生产总值增长而下降"，这呈现了一个倒U型关系。

1952年一场雾霾的教训，激发了未来无限的可能，不论是实践上的革新还是理论上的发展。道路上的车辆川流不息，当下，我们搭乘着稳定快捷的新能源交通工具，眼帘中映入清新宜人的碧水青山之时，不知是否会将过往的阴霾忘却，不知是否会想象未来的世界……

> 如今，人类真的找到独立自主、绿色发展的答案了吗？当下的路途看似崎岖漫长，但1952年这盏明灯终将使未知的前方熠熠生辉。
>
> Has mankind truly found the answer to independent and green development today? The road ahead may seem rough and long, yet the light of 1952 will shine brightly into the unknown.

● 回顾 1952：理想与现实是否背离？

1952年，许多经济体对独立自主的追寻，和绿色发展理念的萌芽，引导着现在的我们思考，我们需要怎样的经济增长？

怎样的发展模式，对于一个经济体来说是可持续的？如今，人类真的找到1952年的答案了吗？

殖民经济时期的"伦敦桥"确已倒塌，但是它的影子在今日依然若隐若现。70年过去，埃及看似不再是殖民地，但是其依然紧紧依附于国际市场。受限于埃及2017年《投资法》对本地化的保护，埃及无法将外商投资中的"本地化生产"转化成埃及本国本土的制造业优势，这导致埃及成为严重依赖国际市场的"乞丐玩家"。除此之外，近年来，埃及通过油气、苏伊士运河等发展"地租经济"，看似促进了经济快速增长，但是国民经济的外部依附性进一步增强，这样的经济独立纯属行崄侥幸，毕竟，单脚独立并非真正的独立。欧盟委员会于2023年7月公布了一项人事任命，由美国耶鲁大学教授菲奥娜·莫顿出任欧盟反垄断部门的关键岗位，专门负责监管在欧洲经营的美国高科技公司，虽然最后她选择了离职，但是美国对欧盟"公开渗透"这一举动，足以说明欧盟本身的独立性仍然存疑。

1952年天空的阴霾，仍盘旋于21世纪今日的上空，但是这样的阴霾不只是雾霾，还有更加可怕而深层次的风险。一方面，极端天气增多导致减排的工作愈发困难，干旱、极端高温等极端天气事件以及不少核电站停运使得二氧化碳排放量增加。2022年，全球与能源相关的二氧化碳排放量达到368亿吨以上，比上年增加3.21亿吨，增幅为0.9%。另一方面，"绿色"被扭曲成了一种新型的经济、政治工具。在深度全球化的当下，绿色发展不只是环境问题，更是经济、政治问题盘根交错而成的复杂系统。例如近期欧盟推出的碳边境调节机制，就存在着借限制钢铁、水泥等高碳产品生产以打击发展中国家经济发展的嫌疑，他们认为"发展中国家受益于'较低的环保标准'"，这是多年来发达国家诟病发展中国家产业竞争力"不正当"的借口。并且，他们想要借碳排放规则的制定扩大欧盟在国际政治中的话语权，努力使欧盟成为未来游戏的"规则制定者"。当前，绿色发展不再只是从前那般为了可持续发展的崇高使命，而是沦为沾满政治硝烟的武器，让那些本就处于弱势的国家在风雨飘摇中更感动辄得咎、难以前行。

  各个经济体在寻找经济发展痛点的解决方案时，必定面临着转型的阵痛，当改革进入深水区，必然会在探索中回溯、遭遇挫折。达到可持续的经济发展状态从来不是一蹴而就的，但当我们回望1952年，那曾经冉冉升起的新的希望，在70年后依然是未来经济发展漫漫长路中前行的明灯，这正是1952年之于我们的意义所在。相比于70年前，这盏明灯在当下所照亮的路途看似崎岖漫长，但是人类千百年来对美好生活的追求与无限的智慧和创造力，终将使未知的前方熠熠生辉。

1933: 道路分化和20世纪的岔路口
1933: Road Divergence and the Crossroads of the 20th Century

○文 温晴

> 1929年爆发的大萧条残酷地洗劫了一战后资本主义世界艰难积累起来的繁荣,资本主义国家都在积极地谋求出路,而1933年正是他们路径的分野之处。
>
> The Great Depression, which erupted in 1929, ruthlessly devastated the prosperity that the capitalist world had painstakingly accumulated following World War I. Capitalist nations were actively seeking a way out, and 1933 marked a critical juncture in their diverging paths.

1933年的世界是不平静的。从东方开始望去，苏联的一五计划来到了最后一年，乌克兰的饥荒似乎在发送某些信号来警示人们这一发展模式的弊病。奈何这样的事情要等到写进历史书里时才能引起人们的重视，彼时的苏联人民或许正沉浸在工业化的高歌猛进中，并遥望着诸多"西方列强"深陷大萧条的泥淖。

1929年爆发的大萧条残酷地洗劫了一战后资本主义世界艰难积累起来的繁荣，资本主义国家都在积极地谋求出路，而1933年正是他们路径的分野之处。这一年的国际政坛上有两位非常重要的领导人上台，一位是罗斯福，一位是希特勒。

> 在漫长的资本主义发展过程中，自由放任的经济政策占据主导地位，罗斯福新政一定程度上也是资本主义理论发展路径分野的现实映射。
>
> Throughout the lengthy course of capitalist development, laissez-faire economic policies have prevailed. To a certain extent, the New Deal under Roosevelt can be seen as a practical reflection of the diverging paths in capitalist theory's evolution.

● 罗斯福新政：自由放任到政府管制的历史分野

1933年，美国深受大萧条的经济危机所扰，"看不见的手"失灵，支持自由主义的胡佛总统在民间的讽刺声中下台，取而代之的是以实施"新政"为竞选口号的民主党人富兰克林·罗斯福。他整顿银行、恢复信用体系、实施以工代赈，采取了诸多强有力的政府救市措施，史称"罗斯福新政"。

在漫长的资本主义发展过程中，自由放任的经济政策占据主导地位，罗斯福新政一定程度上也是资本主义理论发展路径分野的现实映射。经济危机的爆发使自由放任的经济理论遭到质疑，《就业、利息和货币通论》在1936年出版，"凯恩斯主义"成为20世纪经济中举足轻重的词语。"看得见的手"，也即经济发展中的政府职能成为理论研究和政坛实践上不可忽视的一点。

从具体措施上看，罗斯福新政的许多理念和做法都为其他资本主义国家日后的发展开了先河：譬如就影响深远的西方福利政策而言，一直到80年代面临滞胀危机，撒切尔夫人改革才逐渐削减福利政策的实施力度；对信用坍塌事件的重视，推动西方国家不断健全信用制度体系，最终形成了后发国家所没有的信用优势；统制货币为美国经济制度向国家垄断资本主义的转型奠定了坚实的基础，也间接确立了美联储在整个20世纪乃至当下的国际经济体系中难以撼动的特殊地位。

从发展的维度上看，罗斯福新政也给政治经济的发展带来了一些空前的启示：此前，绝大多数人都倾向于相信资本主义是现行阶段成熟和完美的制度，而当大危机毫不留情地掀开资本主义的遮羞布，让制度的劣根性赤裸裸地暴露在世人面前时，罗斯福新政像是一贴膏药，证明了制度可以通过调整和修复去进行自身的完善，也在新的意识形态面前证明了资本主义制度的生命力。这也打破了资本主义和社会主义，又或者说自由主义和计划管制的绝对的二元对立，让后人可以从融合吸收的视角去寻找一个发展的答案（如中国的改革开放）。

> 高度的政治经济集权，也让国家在滑向极端的时候无法回头，让领袖意志的独断有机可乘，让国家在偏执和病态中再次走向战争。极端的管制是不可持续的，它的后果只能以经济以外的手段破解。
>
> The high degree of political and economic centralization pushed the nation towards the point of no return during extreme times, creating opportunities for the unchecked will of leaders and steering the country towards war amidst paranoia and dysfunction. Extreme control is unsustainable, and its consequences can only be dismantled through means beyond the realm of economics.

● 希特勒上台：资本主义面对经济危机的路径分野

大萧条的危机迅速席卷了整个资本主义世界，一战后一直接受美国扶持的德国也深受其害。1933年，深陷失业潮的德国民众将希特勒的救世口号当成危机中最后一根救命稻草，希特勒背负着选民拯救德国经济的期待登上权力舞台。

这一事件更多地在政治领域上被解读，但希特勒的上台和后面我们所熟知的历史，都离不开背后经济因素的驱动。一战后的德国，虽然承受着巨额的战争赔款和经济发展的压力，但在美国等的帮助下还是走上了经济恢复的正轨。所以1924年希特勒在慕尼黑发动啤酒馆暴动时，他的追随者寥寥。当命运在1933年交汇，罗斯福和希特勒的上台恰恰是资本主义经济应对危机的两种不同策略选择。

总体来讲，希特勒花费了很大力气解决经济问题，的确也取得了显著的效果。到1936年，德国的工业产量超过了1929年的水平；1933年9月，德国失业率为20%，1936年则降至5.7%。希特勒在上台初期的改革努力没有让选民们失望，一时间收获了"魔术师"和"政治经济学家"的称号。

事实上，经济学并没有什么魔术可言，世界上并没有无缘无故的增长。数字表现的成功骗取了民众的信心，却掩盖了德国经济结构的失衡。实际上，若我们将数据拆开，会发现工业产量的增长很大程度上依赖备战的军火工业，就业政策等扶助的政策也有三六九等的差别：对不同党派的失业者实行不同的政策，纳粹党员享受着更加优厚的就业环境。失业问题并未得到可持续的解决，最终大量失业人员涌入了国家军队。这种畸形的发展，将德国塑造成了一个火药桶。

这只火药桶何以铸造起来，和政府管制的极度集中有关系。1933年7月15日，希特勒政府成立了"德国经济总会"（German Economic Association）。德国经济总会是纳粹党上台头几年中德国经济发展的最高管理机构，决定企业人员安置、原料分配、财政预算等事务。它由12名来自大工业、大银行和大商业的代表以及5名纳粹党成员组成，其中不乏钢铁托拉斯伏格勒、法本托拉斯的波施、西门子等巨头的身影。

德国是一个垄断化趋势出现较早的国家，工业迅速发展下生产集中和资本积聚，形成了许多实力雄厚的托拉斯和卡特尔。国家经济政策的保护主义让德裔卡特尔们能够获得早期的发展优势，1879年俾斯麦转向保护主义后开始实行的保护性关税让他们得以在国内市场抬高价格，面对更小的竞争，对国外市场进行无限制的低价出口。倚仗煤铁资源优势，德国本土生长出许多重工业领域的垄断巨头，他们是德国经济的增长命脉，也在经济结构中承担中流砥柱的角色。当手上握着高度集中的政策制定的话语权，他们大抵不会反对大兴基建和发展军工，也很难正视消费品生产的不足和底层民众生活境况的水深火热。

干预和管制的色彩延伸到其他经济部门。不久后德国成立了"帝国粮食总会"，负责规定农产品价格、耕种定额，禁止自由出售农产品和屠宰牲畜等。农业在经济结构中变成从属地位，供养着畸形的火药桶经济。

大家都知道最终肯定要坏事，经济结构的失衡还是让民生大受影响，加上大兴基建留下的巨额外债，政府再次面临内外夹击的窘境。当结构畸形的弊病日益凸显，德国会想起什么呢？会不会想起几十年前先辈们在普法战争中收获的50亿法郎战争赔款？会不会想起十几年前签署《凡尔赛和约》的屈辱和不甘？环顾四周，法国的余恨像久扑不灭的森林大火，虚伪的英美也是披着羊皮的狼，在不健全的国际体系中，充满不安全感的德国还有什么呢？先进的军火，庞大的军队，大笔投入的军费预算。在黑暗森林丛林法则的支配下，德意志决定要做先开枪的那个，应了所谓"借钱造大炮，到期打债主"的调侃。

而高度的政治经济集权，也让国家在滑向极端的时候无法回头，让领袖意志的独断有机可乘，让国家在偏执和病态中再次走向战争。极端的管制是不可持续的，它的后果只能以经济以外的手段破解。

> 假如我们回到历史的岔路口，用充满选择和偶然的视角去看待1933年，便会发现这一年很大程度上决定了20世纪经济的样貌。但在1933年，人们其实什么都看不见。
>
> If we were to return to the crossroads of history and view 1933 with a perspective filled with choices and contingencies, we would realize that this year largely determined the economic landscape of the 20th century. However, in 1933, people couldn't see anything at all.

● **结语**

当历史已然成为历史，人们似乎容易把某些事情判定为必然会发生的，譬如胡佛总统必然难以连任，譬如自由主义的经济政策必然难以持续。但假如我们回到历史的岔路口，用充满选择和偶然的视角去看待1933年，便会发现这一年很大程度上决定了20世纪经济的样貌。我们可以窥见美国的复兴、苏联的崛起，德国日益猖獗的法西斯势力开始铸造20世纪最大的火药桶。但在1933年，人们其实什么都看不见，只能看见废墟上涌现了希望的火苗，人们只能抓住当下而已。

1913：欧洲落幕

1913: Europe's Descent from the Divine Altar

○文　王曦池

> 对于那个时代的欧洲公民抑或是世界来说，伊甸园是一个概念，在每次复述中焕然一新，但欧洲是一个事实，一个真正的世界中心。
>
> For the citizens of Europe or the world, the Garden of Eden was a concept which was renewed with every restatement, but Europe was a fact, a true center of the world.

● 奥林匹斯山巅的西欧

欧洲人在观察1913年的世界时，就像是白雪皑皑的奥林匹斯山上的希腊众神：自身位于高处，脚下是广袤的大地。

在那个时代，作为欧洲人，他们确有这样傲视的资本。他们刚刚经历了翻天覆地般的工业革命，生活在一个前所未有的现代化时代，甚至他们的现代化程度和现在相比也不遑多让。

伦敦码头输送着来自世界各地的商品，根特博览会的电灯闪闪发光，柏林最新的亚历山大广场地铁站投入运营。铁路网和电话线交错纵横，豪华大酒店遍布大洲，工人乘坐着横贯伦敦的中央线地铁从郊区走进城市的工厂，有闲阶级支付650美元就能乘坐"克利夫兰"号汽船享受一次世界航行。

所有的距离测量都以此为起点，所有的时钟校准都以此为标准，对于那个时代的欧洲公民抑或世界来说，伊甸园是一个概念，在每次复述中焕然一新，但欧洲是一个事实，一个真正的世界中心。

> 人们还在期待战争如"涤荡污垢的雷雨"，能使欧洲娟然如拭。无人料想，这是一场掀起滔天巨浪的可怕风暴。全球化为欧洲带来的蜜糖，最终化为了砒霜。
>
> People still expected the war to be a "cleansing thunderstorm" that would bring Europe back to life. No one expected it to be a terrible storm with monstrous waves. The honey that globalization once brought to Europe turned out to be arsenic.

● 从雷雨到风暴

一切看起来都是那样美好，可是对于那些头脑清醒、知识丰富、具有国际思维的欧洲公民来说，他们没有那么容易陷入麻醉剂般的乐观主义中。他们察觉到自己的困境，社会中存在着躁动的不安感——从十几年前的布尔战争起，巨人的根基开始被成功带来的结果消融，巴尔干战争抑制了经济乐观主义。而在帝国内部，股票经历着持续的价格下跌，劳工们的战斗精神一浪高过一浪，妇女参政运动如火如荼，精致奢靡之风在社会中蔓延。

面对帝国正在经历的一场从内到外的腐烂，他们相信事物的发展会由盛转衰，很多人甚至把战争看作"涤荡污垢的雷雨"，期望着它的到来。但即便对那些相信战争将要发生的人们来说，他们在展望未来时也是相当镇定的，因为当时的人们普遍认为，任何一场战争都只是对体制的一次冲击。危机是存在的，而且并非微不足道。但对于神圣不可侵犯的奥林匹斯山来说，日落不会发生在今天，也不会发生在明天。

"尽管我们面前还有一些棘手的问题，"《经济学人》发表社论称，"但这个繁荣小王国的居民没有任何理由不欢度圣诞佳节。"而事实上，人们经历的是一场长达4年的流血牺牲，而且其程度比所有预测都要严重得多。

对当时的人们而言，第一次世界大战的确像是一场可怕的风暴，其掀起的滔天巨浪霎时间淹没了大半的世界。约1000万将士阵亡，2000万将士受伤；其直接引起约1000万平民死亡，2000万人间接死于战争造成的饥荒和疾病。1918年的西班牙流感迅速从美国传播到欧洲及更远的地区，引起全球性死亡率急剧上升。战争造成的直接花费（例如军事行动等的开销）超过1500亿美元。

在一战之前，世界上也是那样的战乱不断，可从未有范围如此之广、程度如此之深、影响如此之大的一场战争。全球化的利与弊在其一开始，在哥伦布出海之时就显示得淋漓尽致，但对于掌握了主动权的西欧大陆而言，曾经他们只享受到了全球化带来的那些美妙的东西：帝国的征服者得胜而归，国家的财富滚滚而来，世界各族人民蜂拥而至。那些血色的异国历史在他们眼中大多只是茶余饭后的笑谈。他们大口喝着东方的绿茶红茶，吃着散发香辛料香味的小点，炫耀着采自东非的粉钻，嘲弄着那些落后民族负隅顽抗的冥顽不灵。

西欧在过去的100年间，像是一个旋涡，源源不断地将世界打开，揉碎进自己的胸怀中。但在1913年，一战的前夕，之前贪婪地吞进去的东西，终于像是一把利剑一般，从内部把西欧的繁荣剖开。那些吞下去的、全球化带来的蜜糖，在经过长时间的酿造后，最终化为砒霜，尽数，甚至以更具破坏性的方式，返还给了欧洲。

● **停不下的齿轮**

站在今天，我们很容易发现全球化的那些过往早已为欧洲

> 所有国家都在战争的齿轮上身不由己、疲于奔命，一切正背离他们搅动浑水的初衷，无人成为真正的赢家。1913是命运的转折点，傲立在奥林匹斯山巅的西欧，走下了神坛。
>
> All countries were caught up in the gears of war, running away from their original purpose of stirring up troubled waters, and no one was a real winner. 1913 was a turning point. Western Europe, which once stood proudly on Mount Olympus, came down from the altar.

的落幕埋下伏笔，但当我们站在1913年，面对着这场即将爆发的战争时，我们会发现，全球化真正带给当事人的悲剧，是一种伴随着帝国荣光不断积累的，因深陷棘轮效应而不断增长的"理想主义"心态。

在这场战争前，"常胜将军"们都认为自己才是掌控全局的大手，所有人都为这场不可避免的战争筹划已久。但随着战争的进行，一系列连锁反应像是天平的砝码一样累积，将现状推得距离预期越来越远。我们很难选择一个战争开始走向必然的时间点，萨拉热窝的刺杀仅称得上是一切的导火索，1914年英国的参战也并非命中注定。这4年中有无数本可以避免战争愈演愈烈的"如果"，可惜"如果"并没有发生，于是这场战争像是一出典型的希腊悲剧般，让人嗅到"冥冥中自有天意"的味道，一步步迈向失控却无可挽回。我们知道这个故事最终的结果是局面失控，完美的计划与犯错的人、固化的战略与瞬息万变战场之间的矛盾简直可怕得令人战栗。

另一方面，在这场规模巨大的战争中，让所有人坚持着、忍受着的，是一种对未来更美好世界的理想主义幻想。所以，为夺取狭窄战壕而付出的生命被认为是一种民族英雄主义，本该结束于冬天的战争持续了一年又一年。但实际上，这场战争中虽有主动与被动、战胜与战败，但对于所有国家而言，一战最为突出的结果是幻想的破灭。

1913年像是一个断崖，时间仍保持着它的流速，但其前后，世界面貌发生了极其剧烈的变化。对于战败国而言，这场兵燹之祸标志着全新的政治与社会动荡的开始——德国的新主人公们承认了战争的责任，奥斯曼帝国的地图经过了重画。然而对于战胜的英法等国而言，他们的未来也显得磕磕绊绊。1913年后，欧洲在19世纪的那种完全的、十分反常的、支配全球的统治体系不复存在，他们的控制已明显削弱，并正在各地受到挑战。

当所有国家在这齿轮上身不由己、疲于奔命时，他们或许意识到自己早已远离搅动、搅进这摊浑水的初衷。但是战争早已走上了自己的路径依赖，无数继发的、偶然的，和庞大的战争相比微不足道的事，一点点润滑了战争的齿轮。终于在1914年，这齿轮转动了起来，以其难以撼动的力量，迅速地将相互依存的国家卷入其中，改变了西欧的繁荣，这一转就是4年。

对于战后的欧洲人民来说，或许他们可以拂去层层叠叠裙摆上的灰尘，可以将那些断壁残垣修复如新。但是，战争腐蚀了欧洲文明的可靠性，消磨了曾经的主导地位与文明优越性，他们不再是那一群推演沙盘的人了——一切表面上的繁荣都能回到1913年，但时光却无法倒流，1913前的那些岁月终究还是成了一种梦境，一个觉醒前时代的象征，一座回不去的伊甸园——

1913年12月31日零点的钟声敲响，欧洲的时代落幕。

1901：变革序曲
1901: Transformation Overture

○文　李司略

> 1901年是20世纪的开端，是云谲波诡的百年之始，是旧时代落幕前最后的余晖与新时代来临时壮丽图景的交相辉映。
>
> 1901, the beginning of the 20th century, is the beginning of a strange century, the magnificent and symphonic collision between the last afterglow of the old era and the dawn of the new era.

我们常说，"以史为镜"。20世纪的历史是一面最清晰的镜子，它距离我们最近，对当代的影响最深刻。而1901年，是20世纪的开端，是云谲波诡的百年之始，是旧时代落幕前最后的余晖与新时代来临时壮丽图景的交相辉映。这一年，有人抱怨"新鬼烦冤旧鬼哭，天阴雨湿声啾啾"，也有人期许"明年

> 世界是永恒发展的，然而发展需要的是革命还是改良，需要结合实际情况来判断，每个社会都有属于自己的新陈代谢。
>
> The world is eternally developing; however, whether development requires revolution or improvement should be judged in accordance with the actual situation. Each society has its own metabolism.
>
> 1901年，工业革命的第二波浪潮已然掀起，整个世界目睹了帝国主义的野蛮生长。这是一个崭新的纪元，它与人类所经历的过往截然不同。地球上的每一个角落空前联结，任何一个国家的叙事都不再单独成篇。
>
> In 1901, the second wave of the industrial revolution had already begun, and the world witnessed the brutal growth of imperialism. This marked a new era, distinctly different from what humanity had experienced before. Every corner was connected like never before, and the narratives of individual countries were increasingly intertwined.

此日青云去，却笑人间举子忙"。

1901年伊始，澳大利亚独立，英国维多利亚女王逝世，资本主义制度从北半球向南扩展，这是巧合，还是必然？此时第二次工业革命的先锋力量美国和德国，正对英国的世界领袖地位虎视眈眈，米字旗一统天下的日子即将一去不返，不列颠人却依然沉浸在蒸汽机带来的昔日辉煌中。世界经济的重心正在悄悄转移。

同时，在前一年国会通过法案后，美国进一步推广金本位制度，这意味着美元与黄金之间的兑换比例被逐渐固定下来，美元的价值与黄金的价值成正比。这一制度在20世纪成为世界经济的基础，直到20世纪70年代黄金才从货币的神坛跌落。

1901年春日，高尔基完成散文诗《春天的旋律》，其中有我们熟知的著名片段《海燕之歌》；彼时，杨儒正就东三省交接事宜在莫斯科艰苦谈判，并再次拒绝了屈辱合约。他是否受到了海燕的鼓舞，不惧狂风吼叫、雷声轰响？

4月，清政府成立督办政务处，作为主持变法的机构，其宣布实行"新政"。摇摇欲坠的中华帝国继戊戌变法之后，作出了几乎是旧时代的最后一次挣扎。倡导商业、奖励实业、放开限制、币制改革……着实推动了自由经济的发展，法律开始承认私有财产的正当性。但，这些条文被写进大清的官牍，从第一次开眼看世界起至今，足足用了60年。

5月，清政府向列强赔款4.5亿两白银。清政府财政不堪重负，只得允许各地增加各种税捐，把赔款负担转嫁至全国百姓身上，并指定各省分摊赔款数目，最多的江苏、四川、广东分别摊赔250万两、220万两、200万两，总计各省每年共摊赔1880万两，民众的生活可以用水深火热来形容。

让我们将眼光再次转向西方。法国和西班牙签署了《马德里协定》，长达5年的摩洛哥危机宣告结束。协定承认了法国在摩洛哥的特殊利益，并保护了其他国家在摩洛哥的利益。这场危机引发了各国之间的紧张关系，并表明欧洲列强之间的竞争将不可避免地导致战争，这加速了一战的爆发。

经济场上同样风起云涌。价值10亿美元、冠绝当世的美国钢铁公司在卡内基的领导下创立。北太平洋铁路公司股价暴涨6倍，掀起增发股票的狂潮。美国托拉斯们无视从俄罗斯席卷英法德比的金融危机，面对股市暴跌丝毫不为所动，继续扩大钢铁、煤炭等固定资本投资，他们不会想到大棒即将扬起，萧条就要到来。

1901年的夏季，梁启超《立宪法议》发表；古巴成为美国的保护国；德国人齐柏林设计的人类首艘飞艇试飞成功；清政府将总理衙门正式改为外务部……世界是永恒发展的，然而发展需要的是革命还是改良，需要结合实际情况来判断，每个社会都有属于自己的新陈代谢。

理查德·克莱德曼有一首著名的钢琴曲《秋日私语》，然而1901年秋日里发生的事远非私语，更像是电闪雷鸣。9月初，清政府废八股、废武科，推行科举改革，试图招揽更多人才；3天后，美国总统威廉·麦金利遭到枪击身亡，副总统西奥多·罗斯福继任。罗斯福实行了一系列的进步改革。这位强悍的牛仔对垄断组织盘根错节式的蔓延深恶痛绝，对中小企业不断破产、人民生活水深火热深感痛心。他将垄断北大西洋铁路、昆西铁路、芝加哥铁路等的北方证券公司置于《谢尔曼反托拉斯法》的鞭笞之下；之后又在牛肉、石油、烟草市场上大展拳脚，起诉了足足40多家公司。

而令我们熟悉且悲恸的是，在这位"托拉斯爆破手"上任仅2天之后，中国就与英国、美国、俄罗斯、德国、日本、奥匈帝国、法国、意大利、西班牙、荷兰和比利时签订了《辛丑条约》。

至此,近代中国完全沦为半殖民地半封建社会,割地赔款、开放通商口岸、自由驻军、文化侵略,如此种种数不胜数,但最重要的是主权丧失:《辛丑条约》规定了清政府必须履行镇压中国人民反帝斗争的义务。有观点认为,这充分说明《辛丑条约》的签订使得清廷完全沦为列强的"守土官长"和"洋人的朝廷"。

东方巨龙似乎彻底沉睡了……

然而世界不会静默地等待东方的苏醒,孟秋时节,意大利科学家费米出生,伊斯曼·柯达公司持续生产和销售柯达相机。我们现在似懂非懂地谈论"费米子",怀念地看着已经被淘汰的胶卷,岂知一个世纪之前他们诞生时的壮丽?我们也难以体会电报两端的英国人第一次听见对方声音时的惊喜,和挪威人第一次发现核反应堆时的震撼。

凛冬带走了晚清重臣李鸿章,带走了洋务运动的憧憬,带走了中体西用的理想,带走了淮军和北洋水师曾经的辉煌。不知老臣弥留之际,可会想起自己在威海卫的霸气,和签订《马关条约》时的无奈?

1901年末,瑞典首次颁发诺贝尔奖。中国人不会想到,足足等了一个多世纪,我们才迎来了第一位诺贝尔文学奖得主。而在此之前,西方的科学理论和思想如同井喷,显得我们如此黯淡无光。

天鹅学报
Swan Journal

贸易中的贸易

> 你要穿越黑暗，在清晨醒来
>
> 你所见的并非所见
>
> ——马嘶，《写给孩子》，2023

  贸易塑造了这个世界的秩序，也塑造了每一个现代人的生活。2023年，全球货物贸易总额来到了史无前例的32万亿美元，其中被交易得最多的商品是汽车、成品油、集成电路、计算机和药品。这些形形色色的商品数以亿计，它们被装入整齐划一的集装箱或直接装入专用的运输设备，然后被运往世界各地。

  人们所见的贸易就是这个样子。但是，这些商品在成为贸易品之前，要经历一个漫长的生产过程。它的设计需要想象力；它的加工过程需要使用能源并排放二氧化碳等温室气体；在这个数字化时代，供求信息的交换背后伴随大量的比特流；全球生产网络意味着并非所有的出口都来自本国的贡献，那么生产链条上的"一国增加值"是多少也会成为一个问题。

  贸易建立了一个秘密通道。经由这个通道，碳元素、数字、想象力、增加值、能源实现了全球的移形换位。它们并非汽车、石油那样显而易见，但是确也纠缠其中，我们称之为贸易中的贸易。

借助经济学家制造的"超级滤镜",我们可以看见另一个贸易世界里的别样洞天。

碳元素造就了我们今天的文明,但是它也正在威胁我们的生存。当前不同国家的碳账户是按照排放地统计的,这必然造成一种现实困境——那些以贸易之名产生的碳排放并没有跟随产品而跨越国境。《从未走出国门的出口》直击全球气候变暖背后的深层焦虑,通过翔实的数据、紧致的逻辑道破碳贸易背后的玄机。"贸易中的隐含碳"所遮蔽的文明之光,使得人们的减碳努力大打折扣,商品贸易上的不均衡同样被投射到碳贸易上,在排碳责任权属问题上的口角则日益演化成绿色贸易壁垒之虞。

仍然是从货物的跨境交易出发,《贸易中的数字密码》却将我们引向一个更加虚拟的世界——数字贸易。"比特不是集装箱"生动呈现了从"商品流"到"比特流"的物理转换。数字的加入扩大了贸易的场域,我们统计贸易规模的基本单位从传统的万亿量级提升为泽(10的21次方)字节。文章借助棋子和棋盘的形象比喻,阐述了数字贸易中的变与不变。这是一片刚刚被犁开的新地,也是大国之间贸易规则竞争的新焦点。

在现代人的生活里,有两种苹果不可或缺,一种可以用来果腹,另外一种可以连接世界。但是,在物理学家塞萨尔·伊达尔戈(César Hidalgo)看来,二者唯一的不同就是粒子排列的次序不同,后者需要人类想象力的加持。"想象力具象化"概念的提出，一语道破进出口贸易的对象不过是商品物质熵所承载的想象力而已。那么，想象力如何被出口，该如何被衡量，各国想象力差别又缘何而起，缘何而终？围绕这些问题，《"苹"什么贸易不能这般想象》一文精心铺排，巧思连连，将想象力贸易的方方面面淋漓展现。

在港口和集装箱里演绎的故事不止如此，全球化3.0时代形成的链状世界让商品的国别属性日渐模糊。现行的规则下，贸易流量按照国别统计，但是商品的生产却不是。割裂的现实造成了贸易话题的复杂性，也催生了贸易争端里的诸多龃龉。《国人的智慧和汗水》试图掀开传统贸易厚重帷幕的一角，一窥增加值贸易的真相。"国内出口增加值"这一概念将带我们踏上"逆向生产"的奇异历程，将每件产品中的本国属性一一还原，将贸易世界里的不同国家引向不一样的价值之路。

能源驱动了物质世界里的一切。大卫·休谟（David Hume）说："造物主赋予不同的国家以不同的才能、气候和土壤，从而为各国的交流通商提供了稳固的基础。"能源亦是如此。贸易为全球的能源流动提供了一个秘密通道，以实现全球能源资源的再分配。这改变了世界能源账户的分布格局。《穿越能源秘密通道的奇幻之旅》一文直面"我们消耗的能源并不等同于我们消费的能源"这一冷酷现实，将"贸易中的隐含能源"科学分离，呈现了贸易调整后全球能源消耗的原始格局。

贸易的故事可以用货轮和集装箱来承载，也可以用碳、数字、想象力、增加值和能源来诉说。这就是贸易世界里的"俄罗斯套娃"——每揭开一层，所呈现的景象皆不相同。前者如你所见，后者如我们所讲。

从未走出国门的出口
The Export that Never Export

○文 鲁晓东

> 从远古时代旷野上跳跃的篝火，到最新的石墨烯技术，碳，这一造就了人类文明的元素，如今正加速全球变暖，威胁着我们的生存。当碳排放在贸易中扩散，并记录在出口国的账户上时，我们将如何测算各国碳排放的影响？世界气候保卫战将何去何从？
>
> From the flickering bonfires of ancient times to today's cutting-edge graphene technology, carbon, the fundamental element shaping human civilization, is now accelerating global warming, posing a threat to our existence. As carbon emissions diffuse through trade and are registered on the ledgers of exporting nations, how do we measure the impact of carbon emissions across nations? Where does the world's battle for climate preservation lead?

贸易的奥秘不再是奥秘，而是在空气中。

——阿尔弗雷德·马歇尔

● 贸易中潜藏着全球碳排放的巨大秘密

没有一个产品能够像智能手机一样把现代物质文明表达得如此淋漓尽致：方寸之间，却囊括了信息技术革命以来几乎所有的重要成果；只手可握，却体现了当今全球化分工的最高水平。2022年，全球有约80%的智能手机由中国制造，在走下生产线的11.7亿台智能手机中，有8.22亿台最终离开中国，散落到世界的各个角落，进入各色人群的口袋里，同时为中国带来约1.81千亿美元的收入。

但是，在全球气候变暖和绿色贸易的语境下，这并非故事的全部。为了生产这些手机，人们向大气中排放了数以万吨计的温室气体，如二氧化碳等。这些伴随着手机生产的副产品，理应是中国出口的一部分，但是却从未走出过国门。

> 日益增长的碳排放，带来日益温暖的地球。随着环保意识的不断增强，人们终将目光转向了那个造就了我们生命的元素——碳，于是生产与贸易的碳排放问题正式成了一个问题。
>
> The ever-growing carbon emissions accompany the increasingly warming Earth. As environmental awareness steadily rises, humanity inevitably shifts its focus towards the very element that shapes our existence – carbon. Consequently, the issue of carbon emissions in production and trade has formally emerged as a pressing concern.

● 碳是一种贸易品吗？

在很长的一段时间里，这个问题的回答是否定的，或者说它连个问题都不算。

整个地球文明就是一个碳基文明。碳并非地球制造的元素，却在这个宇宙中不甚起眼的星球开启了一段传奇。碳造就了生命的架构，从远古时代旷野上跳跃的篝火，到最新的石墨烯技术。没有碳，就没有我们今天的文明。

然而，极具讽刺意味的是，这个造就我们文明的元素，同时也威胁着我们的生存。

整个地球正在变得越来越热，这是当今时代各个国家的广泛共识。哈德利中心和东英吉利大学气候研究单位温度数据第五版（HadCRUT5）表明，今天地球的温度与1850年——工业时代的初期相比，上升了1.22摄氏度，而这个变化又是当前诸多气候灾难的元凶。

1850年以来的气候变暖有多少可以归因于人类排放温室气体？政府间气候变化专门委员会（IPCC）在其第五次评估报告中给出的回答是——几乎全部。

"自前工业化时代以来，主要受经济和人口增长的驱动，人为温室气体排放量不断增加，现在比以往任何时候都高。这导致大气中二氧化碳、甲烷和氧化亚氮的浓度至少是过去80万年来前所未有的。它们的影响，加上其他人为因素的影响，已经在整个气候系统中被检测到，并且极有可能是自20世纪中期以来观测到的气候变暖的主要原因。"

如果说人类活动要为这一事件负责的话,那么工业时代以来大量化石能源的使用难辞其咎。伴随着机器的轰鸣,二氧化碳等温室气体也随之进入大气中。面对席卷而来的工业时代和加速推进的城市化,英国经济学家阿尔弗雷德·马歇尔(Alfred Marshall)曾经意味深长地说:"贸易的奥秘不再是奥秘,而是在空气中(The mysteries of the trade become no mysteries; but are as it were in the air)。"尽管马歇尔的本意是表达对产业集聚和知识共享的赞叹,但是如果直译原文,把作者的初衷(原文的含义应该是"行业的秘密不再是秘密,它尽人皆知")作善意曲解,用它来描绘工业时代的碳排放图景竟也毫无违和感。

然而,这样诗意的描写在100多年之后变成了高悬在人类头顶的咒语,一场关于碳的祛魅行动正在如火如荼地展开。

正是在这种危机意识的驱使下,人们在减排的问题上表现出了万丈雄心。"碳达峰""碳中和""碳足迹""碳泄漏""碳汇"等一众"碳家族"词汇变得广为人知,成为笼罩在现代文明之上的一团新云。

由此,生产和贸易的碳排放问题正式成为一个问题。

● 一部苹果手机会排多少碳?

货物贸易中的碳排放绝大部分源于制造环节。基于化石能源的现代工业意味着生产任何产品都会产生碳排放,就连苹果

> 掌中之物，或许也是一件很"脏"的产品。手机，这一再平常不过的生活必需品，其生产与使用的周期便是一个漫长的碳之旅。全球贸易背景下，无数手机一样的产品携带着大量"隐含碳"跨越国界，使全球碳排放问题日益复杂。
>
> The handheld stuff, perhaps, is also a rather "dirty" creation. The ubiquitous smartphone, a daily necessity, embarks on an extensive carbon journey during its product lifecycle. Against the backdrop of global trade, myriad products like smartphones carry substantial "embodied carbon" across borders, contributing to the escalating complexity of the global carbon emissions issue.

手机这款最具全球化特质的产品也不例外。测算这些数字远比我们想象的要复杂，因为我们生活在一个"碳无处不在"的碳纪元。一部苹果手机在来到我们手中之前，要经历了一个漫长的碳之旅。

无论从哪种角度看，智能手机都不像是一个很"脏"的产品，直到我们了解了它的碳足迹。

2022年9月16日，苹果手机系列的最新款iPhone 14发布。这是无数智能手机中最具典型意义的一个版本。如今手机早已成为我们日常生活的一部分，平常到使我们忘记了这个与我们形影不离的小装置也会排放二氧化碳。

根据苹果公司的环境评估报告，一部苹果手机的平均使用寿命是4年，在它的全生命周期里，将会有61千克碳被排放

（如果是更早世代的iPhone X，这个数字将会是79千克），这个排放量相当于驾驶一辆汽车行驶309.7千米。总排放量的81%产生于手机的生产环节，也就是说，生产这个重量仅有172克的手持设备需要排放大约50千克的二氧化碳，这些温室气体足以占据一个2.7万立方米的空间。

以上这组数字极具视觉冲击，但当了解了手机的制造工艺之后，其中原因就会清晰显现。一方面，手机生产所需要的原料繁多，生产包括苹果手机在内的几乎所有品牌的手机，都需要从已知的17种稀土金属中提取16种作为原材料，资源开采环节会带来巨量的碳排放；另一方面，手机生产的工艺复杂，手机电池、屏幕、电路板和扬声器等的生产过程也在大量排碳。这两类排放占据了手机制造过程中碳排放的大部分。

61千克并非一个惊人的数字，但是当你知道仅在2022年苹果公司就卖出了2.253亿部手机时，那个相乘得来的数字开始变得沉重起来。

而就在这一年，全球的智能手机出货量是12.1亿部。由此产生的二氧化碳排放量相当于菲律宾全国全年的排放总量，而在菲律宾的国境内生活了1亿人。

尽管如此，1.3%的全球贸易占比意味着智能手机造成的碳排放只是全球贸易中碳排放的冰山一角。

这些以贸易之名产生的碳排放并没有跟随产品跨越国境，在经济学上，它们被称为"贸易中的隐含碳"（Carbon Emissions Embedded in Trade），并被记录在了生产国碳账户的贷方。

> 为何一些国家具有如此显著的减碳量？玄机就藏在碳贸易中。碳排放通过贸易大通道实现"乾坤大挪移"，进口国的碳消耗被记录在出口国的账上，这使部分国家近些年来的减碳努力大打折扣。
>
> Why do certain countries show such a remarkable reduction in carbon emissions? The enigma lies within the realm of carbon trade. Carbon emissions shift sharply through the expansive channel of trade. The carbon consumption of importing nations is accounted for on the ledgers of exporting nations. This significantly discounts the decarbonization efforts of some countries in recent years.

● 贸易中的隐含碳是个重要的问题吗？

如果说全球气候变暖以及对此负主要责任的碳排放问题是当前悬在人类头顶的达摩克利斯之剑，那么贸易中的隐含碳无疑是其投射下来的一道犀利剑芒。在2022年，共有374.9亿吨二氧化碳被排入大气之中，其中有20%—30%通过贸易大通道实现了"乾坤大挪移"。然而，当今世界的碳账户核算是按照排放地点核算的，在一国的碳核算中，并没有包括那些与进口商品相关的排放量。这是碳排放之塔背后的巨大阴影，因为它的存在，这个问题变得更加复杂。近几十年来，尽管美国和许多欧洲国家的国内排放量不断减少，但他们同时也扩大了从中国等碳密集型能源结构国家的进口量，由此伴生的"碳进口"部分抵消了国内减少的碳排放量。

玄机就隐藏在碳贸易之中。2019年美国基于生产和消费的碳排放量分别约为14亿吨和15亿吨。这意味着2019年美国国内消费的所有商品和服务所蕴含的排放量高于国内生产的排放量。两个数字的不对等说明美国在2019年是一个排放净进口国，其排放净进口量（进口量减去出口量）约占其基于生产的排放量的7%。

自1990年至2021年，美国的国内排放量下降了2.68%，这是一个不错的成绩，但是如果将进口中隐含的6.6亿吨碳计算在内，这个数字应该是增加了10.41%。这个逆转也使美国在过去数十年里的减碳努力打了一个大大的折扣。

> 各行业间的碳排强度存在显著差异。在全球贸易背景下，各个国家依据本国产业结构，找准在全球碳地图上的位置，这进一步扩大了贸易中的隐含碳量。
>
> The carbon intensity varies significantly among different industries. Against the background of global trade, each country strategically positions itself on the global carbon map according to its industrial structure, further expanding the embodied carbon footprint within trade.

● 为什么贸易中的隐含碳这么多？

一个显而易见的解释是当前巨量的贸易规模。第二波全球化浪潮从1945年开启，到2022年，在这个长达77年的大周期中，全球贸易量增加了45倍，而贸易额更是飙升到1945年的

400倍。特定商品的排放强度基本是稳定的，那么生产和贸易的越多，由此产生的碳排放也就越多。

除这个因素以外，还有一个鲜为人知的事实：那些碳排放强度高的"脏"行业，其参与贸易的比重相对一般行业来说更高。英属哥伦比亚大学（UBC）的环境贸易学家科普兰等人基于《全球投入产出表》测算了各个行业每创造100美元产值所产生的直接和间接碳排放强度，并据此创建了一张全球产业的"清洁—肮脏"排行榜。在这张榜单的最底部是电力、燃气和水的供应部门，他们的碳排放强度达到了4324吨，与处于最清洁部门的"房地产活动"的84吨的排放强度相比，两者整整差了51倍，这也凸显了行业之间的排放鸿沟之巨。除此以外，不同行业的贸易参与度也截然不同。最清洁的5个行业（房地产活动；金融中介；设备和机器租赁；批发贸易以及零售燃料；车辆维修销售等）的总产出中参与国际贸易的比重为5.1%，而5个最肮脏的行业（电力、燃气和供水；非金属矿物开采；水运；航空运输；焦炭、炼油、核燃料）的贸易参与度却高达21.5%。

一个不容忽视的事实是制造业往往比服务业更脏，而制造业的产品更容易参与贸易。这又是为什么呢？服务业主要的投入要素是劳动，无论是智力还是脑力，劳动几乎难以保存，因此服务供给和需求的分离半径要小得多。理发业便是一个典型的例子，理发师和客户只有在见面的情况下才能完成这项服务，而汽车驾驶员基本上都不认识制造这辆汽车的工程师。

当然，全球贸易和环境政策的非对称性是另外一个原因，肮脏的行业的贸易壁垒要远远低于清洁行业，这也为碳排放的全球转移打开了方便之门。不同国家环境政策的严苛程度不同，这一差异也重塑了各个国家的比较优势。通过全球贸易这个排碳大通道，不同的国家在全球碳地图上找到了自己的位置。

● 谁是全球最大的碳出口国和进口国？

量化工作最大的好处是让我们可以轻易地排定座次。在2022年的碳贸易榜单上，中国、俄罗斯和印度依次是世界上3个最大的二氧化碳排放出口国，而美国、日本和英国则是最大的二氧化碳排放进口国。碳贸易的测算派生自货物服务贸易，因此以上6个国家也是货物贸易世界里的巨人。

这些结论来自环境科学家所领导的全球碳项目，该项目使用"投入产出"模型，高精度分离生产和服务过程中的排放。从消费的排放中减去生产中的排放，二者的差额便是贸易中的碳排放。这一简单的方法也把世界上所有的经济体划分为两大阵营——碳的净出口国和净进口国，就像贸易世界里的顺差国和逆差国一样。

如果生产中的排放是均质的，那么顺差国大概率就是碳的净出口国，而逆差国更有可能成为碳的净进口国。如此而言，中国和美国一定会成为碳贸易地图上高度背离的两个国家。事实也是如此：2021年中国以2.52亿吨高居碳顺差国第一名，而美国以1.31亿吨占据了碳逆差国的榜首。而这两个国家的位置实际上也是发达国家和发展中国家在全球碳贸易格局中变换的典型隐喻。

> 据统计，发展中国家多为碳排放出口国，发达国家多为进口国，这与两类国家间的人口数量、生产技术差异密切相关，同时也受高污染产业转移的影响。
>
> According to statistics, developing countries predominantly serve as exporters of carbon emissions, while developed countries largely function as importers. This pattern is intricately linked to the differences in population size and production technologies between these two categories of countries. Furthermore, it is influenced by the transfer of high-pollution industries.

● 碳排放的跷跷板：发展中国家和发达国家的角色分化

过去的40年是全球化突飞猛进的40年，世界上以生产为基础的总排放量大幅增加。1990年，碳的总排放量为60.57亿吨，这个数字在接下来的10年内基本保持稳定（年均增速1%）。2001年可以看成一个分水岭，这之后的10年，排放的年均增速达到了2.9%，而发展中国家排放的大幅增加是这一趋势背后的主要驱动力量。从2001年到2019年，发展中国家基于生产的碳排放量从大约33.39亿吨增加到大约67.37亿吨。也是在同一个观察周期里，中国和印度的高速经济增长成为世界经济的主题之一。

在发展中国家基于生产的排放量攀升的同时，发达国家的排放量却在下降。2001年，发达国家的碳排放量为33.94亿吨。到2019年，发达国家以生产为基础的总排放量不到30亿吨。在这一年，发展中国家基于生产的排放量是发达国家的两倍多。

发展中国家的生产型排放为何远高于发达国家？首先，全球大约80%的人口生活在发展中国家。随着发展中国家的经济持续增长，如果没有明显的脱碳技术跟进，其生产型排放总量将继续增加。其次，尽管贸易不是最主要的原因，但是它一定为二者走势的分化贡献了隐秘的力量。一个不可忽视的事实是，发达国家将其部分生产外包给发展中国家，经济学上把它称为"污染的天堂"。最后，应该归因于生产技术。在工业化时代，绿色生产技术绝对是一件奢侈品，由于无力采用更加节能绿色的技术，发展中国家通常比发达国家采用更多的碳密集型生产过程和技术。

● 更多的排放一定意味着更"脏"吗？

盘踞在碳贸易榜单上的国家往往拥有超大的经济规模，然而，这并不表明这些经济体一定更"脏"。实际上，这些国家的总排放量通常反映了其经济规模较大的事实。如果要洞悉清洁和肮脏的秘密，则需要屏蔽掉规模这个重要的因素。这时候我们需要用"碳强度"这个概念来拨开遮挡真相的迷雾，它衡量的应是创造1美元财富所产生的二氧化碳排放量。

> 碳排放总量与国家经济规模息息相关，生产规模越大、能源型产业占比越高的国家，碳排放强度越高。各国碳强度的差异为碳的全球性转移提供了内驱力，这对全球碳排放图景产生了重大影响。
>
> The total carbon emissions are closely intertwined with the economic scale of a nation. Nations with larger production scales and a higher proportion of energy-intensive industries tend to exhibit higher carbon emission intensities. The disparities in carbon intensity among nations serve as internal driving forces for the global transfer of carbon, significantly influencing the overall landscape of global carbon emissions.

在世界银行发布的碳强度的排行榜上，10个最"脏"国家中的前三名是伊朗、俄罗斯和印度。不出所料，这个名单上的前五名中有3个是石油和天然气的生产和出口国——伊朗、俄罗斯与沙特阿拉伯。产生最多生产性排放的中国，在碳强度方面排名第四。前五个国家的碳强度水平远远高于世界平均水平，伊朗尤其突出。这主要是由于其大量的石油和天然气生产以及其工业生产的高能源密度。

在这个榜单的另一端主要是发达国家，美国、日本和德国的碳密集度远远低于世界平均水平。通过榜首和榜尾碳强度的对比可以发现：这是一个极度倾斜的世界，最脏国家的排放强度是最清洁国家的20倍甚至更多。如果将比较优势的贸易思想用在温室气体排放上，各个国家巨大的碳强度差异也为碳的全球转移提供了内驱力，将脏的产品或者生产过程中脏的环节外

> 解决全球变暖问题需要全球参与。而当下的全球气候政策与碳市场却无法理清贸易中的隐含碳。要想处理好隐含碳，就必须解决碳泄漏问题，这依赖于将碳排放按消费原则进行重新核算。
>
> Addressing global warming necessitates global engagement. However, current global climate policies and carbon markets struggle to address the carbon embedded in trade effectively. Managing embodied carbon requires tackling the challenge of carbon leakage, which depends on recalculating carbon emissions based on consumption principles.

包将会对全球碳排放图景产生巨大影响。

● **如何治理贸易中的隐含碳？**

在中国，每年有五分之一的生产型碳排放会以出口的形式用于国外的消费，这是中国的责任，还是消费国的责任？如果你也不能准确而清晰地回答这个问题，那么它就真的是一个问题。

众所周知，在世界上每一个角落排放出来的二氧化碳都会助推全球气候变暖，但在很长的一段时间里却没有一个统一的全球气候政策。1992年在里约热内卢召开的联合国环境和发展会议提出了人类"可持续发展"的新战略和新概念，154个国家和地区签署了《联合国气候变化框架公约》（UNFCCC），这是第一个应对全球气候变暖的具有法律效力的国际公约。减少全球温室气体排放以阻止可能随之而来的气候灾难，这也许是人类在这个星球上进行的最野心勃勃的计划了。

作为这个计划最具里程碑意义的一步，1997年《联合国气候变化框架公约》第三次缔约方大会通过了《京都议定书》。关于排放责任，《联合国气候变化框架公约》和《京都议定书》所确立的国家碳排放核算体系主要基于地域排放的方式，即"生产者责任原则"（Producer Responsibility Principle，简称PRP）。除此以外，《京都议定书》还为所有发达国家设定了二氧化碳等温室气体的排放上限，并配套设计了三种灵活的市场履约机制，包括排放贸易（Emission Trading，简称ET）、联合履约机制（Joint Implementation，简称JI）、清洁发展机制（Clean Development Mechanism，简称CDM），这象征着碳市场的开端。为了实现这一强制减排目标，欧盟、美国等的碳交易市场先后建立起来，这些"飘浮在空气"中的虚无之物开始被明码标价，进入企业的成本核算，并在人类蒸腾的征服气候的雄心里一路高企。

当"生产者责任原则"和碳交易市场两个问题叠加在一起时，国际贸易中的隐含碳便成为全球气候治理的重要一环。其中的逻辑似乎并不是那么复杂。生产总会产生排放，排放就会产生费用，当这个费用最终不能为生产产品的价格所承受的时候，所有被套上减排"紧箍咒"的企业自然会思考一个问题：如果把重排放的产品转移到碳价低或是免费的国家生产，然后再通过进口把产品买回来是否有利可图呢？如果真有企业在现实中这样做，这种情况就被称为"碳泄漏"。

碳泄漏的存在扭曲了全球碳排放的大图景，也让气候治理变得愈加复杂。过去30年里，发达国家在碳排放中的优异表现是不是因为把制造业外包给了中国等碳密集型国家呢？只要我们将碳排放按照消费原则重新核算一遍便可知晓。

如果将进口碳计算在内，自1990年以来，大多数发达国家的排放量减少幅度将会大打折扣。1995年前后，大多数国家的消费排放和生产排放之间的差别相对较小。然而，20世纪90年代末以后，大量制造业从发达国家转移到了以中国为代表的新兴发展中国家，尤其是中国。从1990年到2014年，英国国内的二氧化碳排放量下降了27%。然而，其中一半以上的减排被来自其他国家的进口排放抵消，同期消费排放仅下降了11%。瑞士的情况更加极端，自1990年以来，该国生产排放下降了11%，但消费排放却增加了44%。

> 为降低碳泄漏风险，欧盟等建立了以碳边境调节机制（CBAM）为代表的一系列机制，但由于用同一标准来要求处在不同发展阶段的国家，这些行为最终沦为赤裸裸的贸易保护主义行径，值得我们警惕与借鉴。
>
> In an effort to mitigate the risk of carbon leakage, the European Union and other nations have instituted a series of regimes, such as CBAM. However, by imposing identical standards on countries at different stages of development, these actions ultimately turn into overtly protectionist trade measures. This serves as a cautionary example warranting our vigilance and reflection.

● **贸易保护？以碳为名**

"生产者责任原则"所带来的问题远不止于此。继《京都议定书》之后，2015年《巴黎协定》允许各国灵活设定自己的目标（Nationally Determined Contributions，简称NDCs），以实现全球气候目标。这种方法将各国团结在一起，但也造成了国家之间及其各自应对气候变化努力的不对称。为回应社会对气候问题的极度关切，欧盟一直是全球气候政策最积极的推动者，早在2005年就建立了世界上第一个碳交易体系——欧盟排放交易体系（EU ETS），并且为避免发生碳泄漏，欧盟在制定碳交易规则时，明确了向产业部门分配一定的免费配额，这在一定程度上可降低欧盟企业的碳成本，防止欧盟内外企业产生过大的碳成本差异。随着欧盟推进其到2030年减排55%的目标，在欧盟排放交易体系的碳交易价格已经从2017年以前每吨5欧元飙升至每吨90欧元以上的水平，而同期中国碳市场的价格仅为每吨7欧元。在如此巨大的价格鸿沟下，碳泄漏几乎无可避免。

2023年5月17日，旨在为欧盟工业和进口商提供公平的竞争环境，并降低碳泄漏风险的欧盟碳边境调节机制（Carbon Border Adjustment Mechanism，简称CBAM）正式生效。该机制要求非欧盟公司为某些排放密集型产品支付绿色关税，以弥补其原产国碳价与欧盟碳排放交易体系碳价之间的差异，从而将企业的碳成本拉回到同一水平，实现欧盟所认为的公平竞争。

并非所有的绿色都像草地那样看起来很美好，绿色关税的征收将直接影响那些碳市场发展不成熟以及尚未建立碳市场的出口国家。与预料的一样，这项政策甫一推出便遭受欧盟贸易伙伴国的批评。在第30届"基础四国"（巴西、南非、印度和中国）气候变化部长级会议期间，各国部长发表的一份联合声明表示，碳边境调节机制将对那些没有采取足够措施限制温室气体排放的国家产生负面影响。

不可否认的是，不同的国家正处于不同的发展阶段，欧洲的发展曾经以巨大的环境牺牲为代价。如果以他们目前的发展水平所对应的环境标准去要求那些发展中国家，这是公平还是不公平？毫无疑问，对于很多拉美和非洲的出口导向型国家而言，碳边境调节机制将是一个美丽的借口，这个借口几乎剥夺了他们发展的权利。在他们看来，这无疑是一次以碳减排为名的保护主义行径。

绿色关税制造的问题远比它已经解决的问题要多，恰如《经济学人》对碳边境调节机制的评价——一项原本可能有效对抗气候变化的政策将沦为赤裸裸的保护主义，也把一个值得其他国家借鉴的范本变成一则警示故事。

注：文中涉及的碳排放数据主要来自《2022全球碳预算报告》（Global Carbon Budget 2022）、美国能源情报署（EIA）、《贸易中的隐含碳：实证文献综述》、世界银行、经济合作与发展组织（OECD）的贸易中隐含的二氧化碳排放相关的数据库、"我们的数据世界"在线数据分享项目等，不同的数据库核算方法不同，因此数据之间并不具备完全可比性。

贸易中的数字密码
Decoding Digital Dimensions in Trade

○文　苏柏杨

> 数字贸易远非流水线和集装箱那样简单，它意味着我们熟知的信息将被储存于虚拟化的"比特"，而非实体化的"原子"中——与之相伴而来的，是更为复杂的计量方式和规模空前的贸易体量。
>
> Digital trade is far more intricate than the simplicity of assembly lines and shipping containers. It signifies that the familiar information we know will be stored in the virtual realm of "bits," rather than the material world of "atoms." Accompanying this shift is a more complex method of measurement and an unprecedented scale of trade volume.

● 从货物到数字：比特不是集装箱

提到贸易，我们脑海中浮现出的场景常常是纪录片中描绘的那样——熙熙攘攘的贸易博览会、巨型轮渡上层层堆叠的集装箱、精密繁杂的机器人与井然有序的流水线……但数字贸易，远不止我们目力所及的集装箱和流水线那么简单。

数字化意味着，我们熟知的信息将被储存于虚拟化的"比特"，而非实体化的"原子"中。数字贸易改变了原有工业经济时代的运输、出版方式，同时也让贸易的计量方式变得更为复杂。具体而言，以数字方式交付的商品，如计算机和电信服务、金融服务，可以被较为精准地统计，但涵盖在商品和服务交易过程中的数字订购贸易，却很难被准确识别，只能暂且用非数字部门的数字投入进行替代计算。

那么，数字贸易的体量究竟有多大呢？

一方面，全球数字贸易额已从1995年的1.1万亿美元跃升至2018年的5.1万亿美元，占总体贸易体量的24%。与此同时，数字贸易的增长速度也远高于传统的"非数字"贸易。另一方面，数字贸易的统计需要以更"虚拟化"的方式进行——如先前所言，港口成千上万个远渡重洋的彩色集装箱背后，都是那些看不见的字节在进行统筹支持。在2025年，我国产生的数据总量将达到48.6泽字节——如果用更具象化的方式来衡量，这些字节所承载的信息量与近5000亿辆卡车所装载的图书中的信息量相当。

一旦这些卡车一字排开，便可以绕地球15万圈。

> 贸易在自15世纪出现的全球化浪潮中不断突破限制、跨越边界。当下的数字贸易时代则突破了"虚实"的限制，带来了更触手可及的服务体验与更简易高效的交易流程——数字贸易的便捷已深入生活的方方面面。
>
> Throughout the waves of globalization since the 15th century, trade has consistently overcome limitations and crossed borders. In the current era of digital trade, it transcends the constraints of the virtual and the tangible, offering a more accessible service experience and a simpler, more efficient transaction process. The convenience of digital trade has permeated various aspects of life.

● **数字贸易的前世今生：虚实结合，以"虚"带"实"**

早在数字贸易出现之前，贸易便不断突破地理上的限制、跨越现实中的边界。

几个世纪前，航海家们带着梦想踏上了寻觅新大陆的征程，地理上的疆界被大规模地打破——初级产品由此跨越重洋，全球贸易从此启航；尔后两次工业革命的爆发、国际运输成本的下降带来工业制成品贸易的大幅增长；20世纪70年代以来，随着国际分工的进一步深化和国际治理体系的日益完善，同一产品的生产可以在多个国家进行，相应的中间品和零部件贸易兴起，掀起了全球化贸易的又一股燎原之势。

而我们正在经历，且未来将不断发展的数字贸易时代，则突破了"虚实"的限制，带来了更好的服务体验。

以数字旅游服务为例——如今，不到北京实地，虚拟的3D交互也可以让我们身临其境：一抬头，便是金黄的银杏、古老的红墙、满树悬垂的柿子果。我们不需要踏入故宫的宫门，便可以感受故宫的秋天。疫情肆虐之时，全球10万家博物馆纷纷推出"云上游览"服务，故宫也不例外：游客可以在"数字故宫"小程序预约展览，在"多宝阁"鉴赏文物，在"全景故宫"沉浸式游览故宫的每一个角落。数字旅游服务的线上虚拟交互，是数字贸易的一个精巧缩影。

而我们熟知的直播带货，也是数字贸易以"虚"带"实"的典型实例。商家通过线上营销的形式，不仅能够更直接、更近距离地与采购商、消费者互动，还能向上游厂商全方位地展示高品质货物，挖掘潜在的贸易机会，从而实现全渠道销售的互动与转化。甚至，部分商家直接从室内走向户外，在果园现场直播采摘，直播食品制作工艺，尝试最新的虚拟现实（VR）技术……在数字化服务平台的支持下，直播带货大幅提高了买卖双方交易的匹配效率。

在上述场景中，数字贸易为消费者带来了更触手可及的服务体验与更简易高效的交易流程。而对于商家而言，数字贸易带来的红利就更显而易见——数字贸易的政策、技术及其丰富的展现形式降低了总体贸易成本，不断帮助商家识别新的贸易机会。智慧物流、海外仓、数字海关、线上展会……贸易链条的每一个环节都呈现数字化发展趋势，人工智能服务、云存储等基础性数字服务正不断为贸易赋能。

虽然数字像一个隐形而神秘的主体，我们只能通过日常一隅窥见它的身影，但数字贸易带来的便捷性，却深入生活的方方面面：有形的产品贸易越来越依赖电子商务，无形的数字产品也不断涌现——电子书、云计算、在线支付、数字音乐……产品和服务的界限变得愈发模糊。甚至，数据本身也作为一种特殊的商品开始兴起，成为产品的一部分。

> 数字贸易并未脱离贸易的本质，其重心仍是"贸易"。数字贸易之"变"，在于贸易场所从点到面的跨越，在于贸易方式的轻量便捷，在于人们生活中悄然优化改进的种种细节。
>
> Digital trade has not strayed from the essence of trade; its focal point remains on "trade." The transformative aspect of digital trade lies in the expansion of trade from point to surface, the lightweight and convenient nature of trading methods, and the subtle optimization and improvement of various details in people's lives.

● 数字贸易的不变与变：从点到面，从棋子到棋盘

数字贸易已然无处不在，但我们对这个概念的理解仍旧模糊：它与传统贸易究竟有什么异同点？

或许有人会认为，数字贸易是独立于传统货物贸易和服务贸易的全新业态。但实际上，与传统贸易相比，数字贸易的本质、驱动力与重点都未发生太大的改变。

具体而言，无论是数字贸易还是传统贸易，都并未脱离贸易本质：以不同主体间的服务、商品、生产要素转移为核心。它与传统贸易一样，都是人类为满足自身需求，进行彼此间的服务和货物交换的行为。而各国进行贸易的驱动力，也仍然是利用本国优势进行专业化生产、寻求规模经济的需求。

简而言之，数字贸易的重心仍是"贸易"。数字贸易的竞争力仍然体现为相应产品、服务和产业的竞争力，而不是数据本身的竞争力：数字医疗的重点仍然是医疗，数字教育的重点仍然是教育。相应的，数字贸易中绝大部分数据本身在被加工、转化成产品和服务之前，并不具有直接的交易价值。

数字贸易之"变"，重点在于从点到面的跨越。

如果说传统贸易是买卖双方的博弈，是棋局里黑子与白子的交互，那么数字贸易的出现则为博弈双方提供了一个庞大的棋盘。

数字贸易棋盘的出现，让买卖双方得以在一个空前便利而广阔的场域里纵横捭阖，轻松而高效地操纵一个个虚拟化的棋子（订单）。我们不需要再像从前一样，千里迢迢来到专卖店，经过长时间的线下磋商，才能和一个卖家达成一笔交易；我们也难以想象，没有数字平台监管和政策约束，"7天无理由退货"的落实如何成为可能；我们的支付流程也不知不觉间早已从现金交付转移到了各类线上支付渠道之中。在数字贸易的棋盘上，买卖双方只需要几步简单的线上操作，就可以完成交易，贸易的时间和金钱成本都大幅度降低。

数字贸易时代的互联网平台承担了棋盘的功能。棋盘连接了原先贸易各方之间单独的棋子，开始在贸易过程中起到愈发重要的作用。这些互联网平台为整个贸易过程带来了更简便的中间环节、更广阔的贸易对象，以及更高效可靠的交易。

一方面，在数字贸易中，现代信息通信技术（ICT）与信息网络可以让供求双方直接进行交易，而不需要通过层层中间商。另一方面，越来越多的消费者倾向于自己去搜集信息，而不再依赖中介——个人定制旅游、自主留学申请都因互联网平台的互联互通而得到长足的发展。相较之下，传统贸易的交易更多发生于零售商、批发商、代理商等诸多中间机构之间，需求方和供给方并不能直接进行交易。

除此之外，平台也让数字贸易的对象进一步扩大。个人消费者在贸易活动中起到更大的作用，也拥有更少的信息壁垒，可以在极短的时间内快速了解未知事物。数字贸易中兴起的直接面向个人消费者的消费者对消费者（C2C）、企业对消费者（B2C）模式，拓宽了贸易对象的边界。

同时，平台一定程度上约束了买卖双方的行为，解决了信任与价格评估的关键问题。许多贸易相关的配套工作在传统贸易中也需要买卖双方投入大量精力，同时买卖双方的违约行为难以得到制约，会给贸易参与者带来很大的困扰。而数字贸易的平台介入用更规范的流程去约束、把控二者的行为。消费者也能更清晰地获得同一产品的不同定价，从而轻松比价作出最优选择。

数字贸易的另一"变",在于贸易方式的"轻量便捷"。

从运输方式看,数字贸易带来了轻巧的运输手段,提高了交易效率。传统的贸易方式中,货物运输更多还是通过轮船、飞机等经济成本较高的方式进行,而数字贸易则更多倾向于通过数字化的传递方式——个体在电商平台购买的商品会选择快递邮寄进行交付,部分跨境电商企业会采取保税仓、海外仓模式开展贸易。整个交易的过程变得愈发无纸化和电子化,这不仅缩短了贸易周期,也降低了交易成本,化解了地理等要素的制约。另外,传统贸易交易完成的周期较长,在此过程中会极大地受到价格与汇率波动的影响,而如今,数字技术使得贸易的时间不确定性大大降低。

数字贸易的"变",悄无声息地改变了我们生活中的许多细节。

比如跨境电商平台、独立站以及社交媒体正逐步代替过往的线下展览会,让大洋彼端的我们能在线上直线触达卖家,实现需求的高效匹配。在交易支付时,企业不再需要多次跑到银行柜台,而是通过第三方跨境支付平台的银企间信息共享和核验机制,使得许多流程线上化,让用户拥有更多支付的选项和空间——尤其是我们出国旅游时遍地可见的"银联"(UnionPay)以及"支付宝"(Alipay)的支付方式,早已覆盖跨境平台、工厂、物流供应商、海外仓服务商等主体,为交易清算提供了数字化的一条龙服务。数字贸易的革新,或许谈不上"抢眼",但各类精妙的改进都不同程度上带来了交易效率的提升。

> 数字贸易的全球图景里，高收入国家的先发优势和低收入国家的后发劣势形成了巨大反差。数字贸易规则之争的背后，是发展中国家与发达国家的进一步分化。而在新的变局中，中国正逆势崛起，推动互利共赢的贸易战略，成为数字贸易的后起之秀。
>
> Amidst the global landscape of digital trade, there exists the early advantage of high-income countries stands in stark contrast to the challenging circumstances faced by low-income countries. Behind the contention over digital trade rules lies the further division between developing and developed countries. In this new paradigm, China is defying the odds, championing a trade strategy focused on mutual benefit, and emerging as a rising star in the realm of digital trade.

● 全球数字贸易图景：中国逆势崛起

由于起步更早、技术更成熟，欧美地区一直占据第一梯队的位置，主导着数字贸易的进程。高收入国家早已嗅到数字贸易中蕴含的巨大商机，不断通过提高数字服务出口、发展跨境电商、建立大型跨国信息通信企业等方式，力图在这块兵家必争之地攫取更多的利益。直至2018年，美国仍然占据着全球数字贸易出口的最大份额，但相较1995年占比已然有所下降。

从数字贸易协议签订的数量中，也能窥见低收入国家的困境。虽然千禧年以来签署的所有贸易协议中，每两个中就有一个包含数字贸易相关的内容，但这些协议主要发生在高收入经济体间。中等收入国家的数字贸易条款相较更少、更浅，而低收入国家几乎没有参与任何有电子商务条款的区域贸易协定。

然而，数字贸易正面临新的变局。在并不友好的竞争环境中，中国逆势成为数字贸易崛起的新势力。

相较于同期数字贸易出口全球占比下降的经济合作与发展组织国家（OECD），中国逐步打破数字贸易壁垒，在规模、体量和全球占比等各项指标上都遥遥领先。其中，中国数字贸易的全球占比从1995年的2%迅速增长到2018年的约6.7%。在非经济合作与发展组织国家中，中国的数字贸易份额位列首位，印度则紧随其后。具体而言，在中国数字贸易的所有场景中，信息通信服务贸易与跨境金融场景在数字贸易中增速最快。在2011年以来的10年间，中国的信息通信服务贸易增速7.7%，在2020年占到了数字服务贸易总体量的22.2%。甚至在服务出口受新冠疫情影响增速下降7.3%的情况下，中国的信息通信服务出口仍逆势上扬。

然而，贸易向来需要规则的约束，数字贸易也不例外。

规则之争的背后，是发展中国家与发达国家的进一步分化——在发展中国家还在关注数字技术应用之时，发达国家已经将目光投射到公平竞争、知识产权和消费者保护等方面的监管问题上。日本倾向于对数字产品与服务进行保护；美国极力维护自身在数据上的领先优势，号称推动数据自由主义，实际上高度限制数字企业的进入，遏制对手；欧盟更注重个人隐私数据的保护，不断推动区域数字经济市场建设，加强反垄断立法。各国希望在规则中尽可能为自身谋利，但垒起的高墙并不一定带来帕累托最优的结果。

相对而言，中国的数字贸易战略更"柔和"，更看中"共赢"的特征：坚持安全与开放并重，坚持数据自由流动和国家主权安全平衡，不断推进数字贸易便利化……可以预见的趋势是，"以我为主"的规则模式不会长久，更多"去中心化"的数字贸易规则将不断涌现，推动数字贸易走向更高的开放水平。

未来，想要在数字贸易中占据一席之地，中国辄需思考如何在新一轮国际经贸协议的制定中推进多方共赢——下好一整盘棋，而不仅是眼下的一步棋。

"苹"什么贸易不能这般想象
The Trade of "Apple": Beyond Imaginations

○文 莫洋

> 人类与苹果的故事，是一段充满想象力的旅程。
>
> 相较于树上的苹果先验地存在于世上，披头士和乔布斯的苹果则诞生于人类脑海中的想象，被形象地称为"想象力的具象化"。
>
> 想象力如何被出口，该如何被衡量？各国想象力的差别又缘何而起，缘何而终？
>
> The story of humans and apples is a journey filled with imagination. Compared to the apples that inherently exist on trees, the apples of The Beatles and Steve Jobs were born from human imagination, aptly called the "crystallized imagination."
>
> But how is imagination exported? How is it measured? Why do different countries have differences in imagination, and why does it vary over time?

> 世界对于有想象力的人来说只是一块帆布。
>
> ——亨利·大卫·梭罗

世界上有超过2000种水果，可是历史偏偏对苹果青睐有加。从伊甸园里唤醒人类对善恶羞耻的认知那一刻开始，这颗令人垂涎的果实便深深地与人类社会的进步相捆绑。当牛顿坐在苹果树下，那颗坠落的苹果不仅引导着他探寻引力的奥秘，也驱使着人类将足迹从地球拓展至宇宙。这颗红透心扉的果实，早已超越果园的静谧，成为无尽想象的源泉。1968年，封面印有青苹果的唱片《嘿，朱迪》（Hey Jude）横空出世，与披头士乐队（The Beatles）和它的苹果唱片公司（Apple Records）一起引领了60年代音乐工业革命。披头士"苹果"成立的8年之后，在美国加州又一颗"苹果"成熟了，这颗属于乔布斯的苹果为现代科技进步和数字化革命铺平了道路。

我们把这四颗改变人类世界进程的苹果聚集在一起，透过时间的印记，一览其本体，会发现它们是相同的不同个体。无论是前两个真苹果，还是后两个"假"苹果，都在经济活动中被交易。然而，后者是一种更充满想象力的存在——相较于树上的苹果先验地存在于世上，披头士和乔布斯的苹果则诞生于人类脑海中的想象，而后输出创造的。对于这种人类将所思所想转化成真的产品，塞萨尔·伊达尔戈（César Hidalgo）这位前麻省理工学院教授称其为"具象化的想象力"或"想象力的具象化"（Crystallized Imagination）。

● 贸易的秘密，藏在苹果里 / 想象力该如何贸易

什么是具象化的想象力？翻开塞萨尔·伊达尔戈出版于2015年的著作《增长的本质》（*Why Information Grows*），你便能找到答案。在这位拥有物理学博士学位的经济学家看来，宇宙是由物质、信息和能量三种元素构成的。其中，能量和物质本身是天然存在的，信息的产生却需要通过后天的特定方式。这里的信息指的是物质排列的秩序。现代世界和工业革命时期的世界的不同之处并不在于其物质性，而在于这些物质是如何被排列的。当产品的物理秩序来源于人类的想象而非大自然时，这些产品便是人类想象力的具象化。

塞萨尔·伊达尔戈的这一思想早在83年前就被一位丹麦木匠参悟了。奥勒·基尔克·克里斯蒂安森（Ole Kirk Kristiansen）利用其发明的糖果色积木（物质）、无尽的想象力（信息）和人类的双手（能量），创建了属于"乐高"的宇宙。"如果你拥有6块乐高积木，基本等于拥有了全世界。"虽然这听起来很夸张，但其真实体现了想象力的无限可能。从数学的角度看，6块"2×4"的积木可以有超9.15亿种组合方式。正如塞萨尔·伊达尔戈所说"真正令宇宙奥秘无穷的是信息这一元素"，无论是探究真实宇宙还是搭建"乐高"宇宙，唯一能够限制你的，就只有想象力了。从过去的手摇电话到如今的智能

手机，产品迭代的背后，是人类疯狂的想象力以及具象化所需知识技术的持续革新。在塞萨尔·伊达尔戈的物理性透镜下，经济增长的本质不再是由国内生产总值（GDP）等指标衡量的产出增加，而是信息的积累和人类处理信息能力的增长。此时，经济活动生产出的物体便成了信息和想象力的具象化，即想象力的结晶（Crystals of Imagination）。

毫无疑问，具象化想象力为我们看待经济增长提供了一个极具诗意的浪漫视角。当我们用塞萨尔·伊达尔戈的透镜重新审视贸易这一架拉动经济增长的马车时会发现，各国在进出口中交易的是商品物质熵所承载的想象力，而非传统的资本和劳动要素。这种贸易被称为"想象力贸易"（The Trade of Imagination），此时世界各国在贸易中都是想象力的进出口国。在想象力视角下，一国的出口产品结构犹如该国的生产力指纹，独特地反映了该国如手机、电脑等想象力具象化产品的生产能力，体现了一国知识技术水平。

乔布斯的苹果似乎早已深谙贸易的想象力本质，并将其刻写在由美国设计、中国加工的每一部苹果手机背后。"加利福尼亚苹果公司设计。中国组装。（Designed by Apple in California. Assembled in China.）"加州的想象力跨越大洋，与来自世界各地的零部件汇聚于中国流水线上，在造就一代代传奇苹果手机的同时，也不断续写着人类与苹果的故事。

> 技术普及让想象力的创造惠及世界，也让想象力无法用世俗的价格去衡量。
>
> The popularization of technology has made the creations of imagination benefit the world, and also made it impossible to measure imagination by monetary value.

● 苹果里的想象力

在2023苹果秋季新品发布会上，首席执行官库克（Tim Cook）再一次展示了其驾轻就熟的商业套路。保持与上一代相同的外观、老套地更新芯片和摄像头，此外iPhone 15仅仅更换了USB-C接口。路透社发文嘲讽称"iPhone 15的最大惊喜是未涨价"，马斯克等业界人士也纷纷在社交媒体上吐槽苹果毫无新意。

苹果手机真的失去想象力了吗？回溯苹果手机的演进史，我们或许能找到答案。2007年，初代苹果手机iPhone 2G横空出世，它以3.5英寸的触摸屏以及Home键打开了智能手机时代的大门。倘若简单地以售价涨幅来衡量苹果手机蕴含的想象力变化，会发现2020年性能与电脑相当的iPhone 12 Pro，仅仅比13年前iPhone 2G先进了73%（以2020年为基准调整售价后计算得到价格涨幅）。这意味着全面屏、面部识别等颠覆性"想象力结晶"只带来了不足八成的进步吗？显然这是不合乎逻辑的。正如普利策奖得主托马斯·弗里德曼（Thomas

Friedman）所言"技术被使用得越多，它的价格就越低"，用价格衡量包含技术创新的想象力是会因技术普及而存在偏差的。相比之下，塞萨尔·伊达尔戈和哈佛大学教授里卡多·豪斯曼于2009年提出的经济复杂性测算方法是一个更好的选择。

在近代的宏观经济研究中，世界各国普遍把国内生产总值作为其经济发展水平唯一的度量，并借用各种复杂数学工具把不同形式的资本、劳动力因素加总。塞萨尔·伊达尔戈和里卡多·豪斯曼发现，这类单一维度的视角无疑是在看各个国家爬同一个梯子，忽视了指标数值背后各国付出的努力。在现实世界中，尽管同处中东的以色列和阿联酋常年拥有相近的国内生产总值总量和人均水平，但是当阿联酋在靠着自然馈赠卖油"躺平"时，"穷小子"以色列却在半导体、医疗等高新领域发愤图强。

这两位学者认为，一国经济水平和生产能力的高低应取决于该国产出构成的复杂程度，主要包括两个方面：一是生产产品种类的绝对数量是否多，二是产品是否富有想象力，即全球有能力制造同种产品的国家数量是否足够少。塞萨尔·伊达尔戈将前者称为多样性（Diversity），将后者称为普遍性（Ubiquity）。在两者的基础上，一国生产能力的多样性和普遍性被定义为经济复杂性（Economic Complexity），表示一国经济水平和生产能力。为了定量评估经济复杂性，这两位学者在2009年运用复杂系统、网络和计算机领域思想，首次构建了经济复杂性指数（Economic Complexity Index，简称ECI）。

值得注意的是，该指数并未先验地判断哪些产品或经济活动更复杂，而是在全球生产网络中对上万量级的细粒度数据进行矩阵分解的降维分析。受数据颗粒度等因素限制，目前经济复杂性指数主要以贸易数据为计量基础，将贸易数据视为各国与其出口产品相关联的双向网络。因此，经济复杂性指数表示每个国家出口（而非进口）中所包含的生产能力的多样性和普遍性。

回顾先前以色列和阿联酋的故事，试想一下，即使以色列向阿联酋的石油富商提供芯片设计的图纸，他们也无法立刻投入生产。究其原因，我们会发现，相较于科技强国以色列，阿联酋更专注于石油开发加工等相对简单的生产活动，不仅欠缺计算机、高精机床等硬件处理能力，而且更重要的是缺乏"想象力"这类源于人才创新的信息。这两方面的不足，是阿联酋这类国家经济复杂性指数较低的根本原因。因此，在一定程度上，经济复杂性指数越高，说明一国经济所含的想象力越多，出口的产品也越先进复杂。对于产品的复杂程度，塞萨尔·伊达尔戈和里卡多·豪斯曼采用与经济复杂性指数相同的方法构造了产品复杂性指数（Product Complexity Index，简称PCI）来进行定量分析。产品复杂性指数衡量了商品生产中所需技术的多样性和复杂性，富含想象力的复杂产品往往有着更高的产品复杂性指数。

在这两位经济学家的剖析下，神秘、感性的想象力增添了几分理工科的直率和理性。得益于经济复杂性指数和产品复杂性指数的提出，我们现在可以轻松识别国家和产品的想象力含量了，当然也包括隐藏在苹果手机中的想象力。根据塞萨尔·伊达尔戈团队创建的产品复杂性指数数据库，以iPhone 12 Pro为代表的智能手机的复杂度是1.2，较13年前iPhone 2G那一代增长了超140%。140%的想象力增幅本身也许并不惊人，但是当你得知同时段内汽车从燃油车到新能源车的升级也仅蕴含7%的想象力进步时，苹果手机所代表的智能手机背后隐藏的想象力容量不言而喻。

技术普及让想象力的创造惠及世界，也让想象力无法用世俗的价格去衡量。

> 强者往往通吃，但想象力的舞台不以经济体态为评判标准，它追求的是精致繁复。
>
> The strong often dominate, but the stage of imagination is not judged by economic status; it pursues refinement and intricacy.

● 想象力贸易的霸主

除识别产品隐含的想象力之外，经济复杂性量化方法的另一大好处在于可以对国家和产品的想象力"论资排辈"。强者通吃，是任何竞技较量的主旋律，想象力出口榜单也不例外。1995年至今，榜单前15名的位置常年被世界银行定义的"高收入经济体"霸占。美、德、英这类传统强国榜上有名并不出意料，值得注意的是，全球前10%想象力出口大国中更多的是如日本这类小而精的国家。受益于长盛不衰的汽车、光学等高端制造业，日本一直是地球上经济最复杂的国家。2021年，日本以高达2.26的经济复杂性指数卫冕世界出口想象力程度最高的国家，钟表王国瑞士以及"亚洲金丝雀"韩国则紧随其后。

强者往往通吃，但想象力的舞台不以经济体态为评判标准，它追求的是精致繁复。

在这个"强者通吃"的故事里，中国不是主角，世界工厂的殊荣只给它在21世纪的想象力排名中赢得了第18名的位置。但是，天生的纬度和沿海禀赋令中国在经济上比绝大多数南半球和内陆国家都更富有想象力。存在于宏观经济指标中的"南—北半球""内陆—沿海"差异的规律，在全球经济想象力榜单中也依然适用。

造成这种国别想象力差异的本质原因，是各国不尽相同的出口结构。从经济复杂性指数的定义上看，商品间复杂度的不同以及商品在各国出口占比的差异，共同导致了国家间想象力水平的分化。借助协调制度编码（HS92）分类以及产品复杂性指数的测算方法，经济学家们理清了各类商品蕴含的想象力密度。相较于传统的农业和矿业，机械制造、电子通信等历代工业革命的产物浓缩了更多人类的想象力。以中国和日本为例，树形图（Tree Map）的分析工具让经济学家直观发现：这两个想象力出口大国均出口了大量如汽车、计算机等高想象力含量的产品。但是，由于这类产品在日本出口中的占比远高于中国，日本拥有更高的想象力出口水平。此外，日本也与韩国、美国一起垄断着当今世界上最复杂、最富有想象力的产品——

掩膜版，其产品复杂性指数高达2.31。这是芯片生产中除光刻胶之外另一种不可或缺的材料，目前其国产化率仅5%且以中低端产品为主。相比之下，芯片焊接用锡的原材料锡矿石在2013年至2021年间则一直是全球想象力含量最低的产品，其主要出口国包括缅甸、刚果等欠发达地区。

神奇的逆转随之出现：想象力差额与国家间贸易差额相反，国家愈小而精，出口想象力密度愈高。

● 帆布下的不对等

想象力的量化工具使我们得以一览全球想象力出口图景。但正如人类偏爱《冰与火之歌》这类宏大叙事，我们对想象力出口国的排定座次忽略了隐匿于国家间的贸易游戏。纵然国际贸易理论发展至今已近3个世纪，其仍保有对最初两国家模型的迷恋。400年前的重商主义者认为两国间的贸易是一场"零和博弈"，从中获胜的方法除战争掠夺之外只有保持贸易顺差（出口额大于进口额）。这一思想至今仍深刻影响着国际贸易，被好事的贸易保护主义者们当作发起贸易争端的导火索。

幸运的是，诞生于20世纪末的增加值贸易核算法及时揭露了被传统贸易总额统计长期掩盖的事实：一国从双边贸易中赚取的利润主要取决于其在全球价值链中创造的增加值，而非净出口额。那么，倘若将双边贸易置于想象力的透镜下，又会有什么新的发现？

既然我们将产品重新定义为具象化的想象力，那么传统贸易理论下的贸易差额便不再适用。类似古典贸易理论的做法,我们使用"想象力差额"来表示贸易中交换的物质熵所承载的想象力出口净额。于是一个神奇的逆转出现了:想象力差额竟与国家间贸易差额相反。其中最具代表性的便是智利和中国的情况。

2021年,智利向中国出口了近396亿美元的商品,但只进口了约263亿美元的商品。在享有不断扩大的贸易顺差的同时,智利却负有想象力逆差。这是因为智利用缺乏想象力的铜换取了中国的电子产品、汽车等富有想象力的商品。

这种"换取"更多的是源自资源特权的不对等交换。为满足电气时代庞大的生产需求,中国在世界第一铜矿大国面前并无太多选择。智利想象力逆差的背后,是资源特权国家对参与生产过程的生产者的一种想象力的文明掠夺。

"罗马不是一天建成的",智利的贸易特权也非一日之功。在19世纪独立战争之前,智利甚至是被西班牙殖民者剥削的一方。凭借天然硝石的垄断生产和出口,20世纪智利的人均收入比西班牙、瑞典和芬兰还高。然而,之后人造硝石的发明以及巴拿马运河的通航令智利的繁荣以每年2%的速率萎缩。如今智利的经济仍以出口为主,但其中铜已超越硝石成为"后起之秀"。这一转变出现在19世纪末期:法拉第发现的电磁感应把铜这一平平无奇的金属推到了历史的聚光灯下。储量大、导电性优等特点使铜成为导电体的不二选择,并被广泛应用于电灯泡等各类电气设备生产中。倚仗着世界第一大铜储量,智利把铜当作对外换取想象力具象化产品的重要媒介,从法拉第、爱迪生等科学家的想象力中获益。2022年，铜的出口为智利带来了近410亿美元的收益，这相当于每个智利人平均能分到2100美元，连智利前总统阿连德都戏称"铜，是智利的工资"。科学家的想象力赋予铜以经济价值，这是智利贸易特权的根本来源。

智利并非个例，想象力差额与传统贸易差额逆转的现象广泛存在于自然资源丰富的国家中。如沙特、俄罗斯、委内瑞拉等石油大国，都受益于詹姆斯·焦耳、尼古拉·卡诺、亨利·福特等科学家在热力学和内燃机领域的想象力。在与科技大国的贸易中，这些国家往往既是贸易顺差国，也是想象力逆差国。

> 从想象力出发，通往贸易的成功不止一条路：可以是西西弗斯的拼搏，也可以是上帝的一个吻。
>
> From the realm of imagination, there is not just one path to trade success: It can be either a Sisyphean struggle or a kiss from God.

● 折翼的天使

对于止步于21世纪初的国际贸易理论革新来说，想象力贸易无疑是一次大胆且有益的尝试。塞萨尔·伊达尔戈从物理学的视角将贸易解构，试图透过物质熵所承载的想象力去一览经济发展和贸易活动的真实样貌。定量分析工具和可视化图表让我们看到了想象力出口大国背后的汗水，同时也揭露了隐匿于差额逆转背后的特权。

然而，作为一个仅诞生8年的贸易理论，它不可避免地存在泥沼般的内在缺陷。数据的限制使得想象力贸易的测度存在一定偏差。例如如果仅用货物贸易数据测算，澳大利亚存在较大的想象力逆差，这是因为澳大利亚的出口品主要是煤炭、铁矿石和石油天然气。但澳大利亚也是世界上最主要的服务贸易出口国。当服务贸易数据被纳入测算时，关于澳大利亚的想象力故事便将全然不同。

阳光底下没有新鲜事，回顾贸易的历史，我们会发现一些情景竟惊人地相似。5个世纪以前，为了得到保护族人所需的枪支火药，非洲部落首领需要拿黑人去和白人交换。然而，5个世纪以后，由于想象力具象化需要铜、石油等原料，创新驱动发展国家不得不用本国富有想象力的产品去交换。法拉第等一众科学家一定不曾想过：自己发明的技术，日后居然成为国家贸易的枷锁。在技术快速迭代的当下，谁拥有不可或缺的原材料，谁就手握着科学家赋予的特权。这也是当今不断强调供应链安全和韧性的原因。

不同于价值链攀升之于增加值贸易、碳减排之于碳贸易，想象力贸易没有所谓的"唯一成功学"。对于传统意义上先进的发达国家而言，由想象力持续驱动的技术革新是他们赖以生存的工具。反观智利、沙特这类"幸运儿"，它们并不需要过多的想象力，仅凭自然馈赠便能坐享世界发展的红利。

从想象力出发，通往贸易的成功不止一条路：可以是西西弗斯的拼搏，也可以是上帝的一个吻。

国人的智慧和汗水

The Domestic Value Added in Global Value Chain

○文 王梦令

> 在全球化3.0时代，变复杂的不只是集装箱中的商品，贸易统计体系也不再是总量相加的简单算数题了。
>
> In the era of globalization 3.0, it's not only the goods inside the containers that have become more complex; the trade statistics system has also evolved beyond a simple matter of addition.

21世纪的洛杉矶港终日热闹非凡，无数集装箱从东半球的中国出发，漂洋过海，在这个位于中美海运航线上的核心港口上岸。国际贸易蓬勃发展了几百年后，集装箱里装载的不再只是古典贸易时代的布与葡萄酒，那些经历了复杂制造流程的现代货物往往占据了更大份额。

与商品种类一起更新迭代的，还有贸易统计体系。在全球价值链时代，气势磅礴的贸易总量数字多少给我们带来了一些误读。在我们最常读到的贸易叙事手法中：2020年，中国向美国出口计算机、电子和光学设备总额达1235.78亿美元，是世纪初中国加入世界贸易组织前出口量的8倍有余。真实的数据、流畅的逻辑，但倘若以此作为故事的全部，则有失严谨。

在产品多元且空前复杂的当下，越来越多的商品不再仅由一国生产。相反，它们在世界级别的流水线上由多国共同创造。贸易总量略显粗暴地将商品的全部价值计入最终出口国的账户，但这类商品的总价值不该归属于某一个国家，它分布于所有参与创造的国家之中。

在洛杉矶港口演绎的中美贸易故事里，"国内出口增加值"（Domestic Value Added）这个衡量出口中一国经济活动所创造价值的概念，或许能帮助我们在"大浪淘沙"后，窥见一丝贸易的真相。在增加值的叙事逻辑下，中美机电产品贸易的故事被更为准确地讲述为：

2020年，中国向美国出口的计算机、电子和光学设备总额中，有73.36%的国内出口增加值，其余部分的价值创造并不属于中国。这比2001年的68.41%有所提高。

在这个国际分工无孔不入的时代，贸易世界似乎不像我们想象的那般简单，因为并非所有的贸易都是贸易。"两点一线"的贸易总量叙述视角成为过去式后，增加值正谱写着新的"游戏规则"。

> 全球化模糊了物理距离，"抹平"了地球形状，将世界织成了一张链网。在这个世界中，我们不再能轻易给出"产地"这个问题的答案了。
>
> Globalization has blurred physical distances, "flattened" the shape of the Earth, and made the world an interconnected web. In this world, we can no longer easily provide an answer to the question of "place of origin."

● 世界是链状的！

麦哲伦证明了地圆说的400多年后，财经专栏作家托马斯·弗里德曼轻挥笔杆，在自己出版物的封面题上了"世界是平的（The World is Flat）"的标题，向世界形状这一问题长久以来的标准答案发起了挑战。在经济学家理查德·鲍德温所描绘的"全球化3.0"时代中，空前发达的交通物流与互联网，正让地球的物理距离变得不甚重要，跨越半球的国际合作变得简单易行。这样看来，世界确实正在被"抹平"。

李嘉图的比较优势理论历久弥新，在最新版本的全球化中又一次展示出睿智的光辉。这一次它不再局限于不同产品之间，更作用于单个商品的生产流程之内。人们发现：以国家为单位，在"世界工厂"中各司其职，居然更有效率。

我们再也不能像给出"大豆主要由美国、巴西和阿根廷等美洲国家出口""可可产自广袤的非洲大陆""中国是世界最大的茶叶供给国"这样的答案一般胸有成竹了。面对"波音787产自_____"这一问题时，类似的答案似乎过于简单了。毕竟这个时髦又复杂的"混血"产品，其机翼在日本生产，机身碳复合材料由意大利等国提供，起落架在法国出厂，尾翼和最后组装由美国完成。倘若要给它上个单一户口，恐怕难以避免一场旷日持久的辩论。

在今天，像波音787这样的产品绝非少数，也绝不仅限于复杂的高科技商品。哪怕是一件在古典贸易时代就是船舱常客的衣服，在今天也可能是由法国设计师绘制图纸，被孟加拉国的工人用印度棉花纺织加工，并在中国市场被消费者加入购物车。

世界大工厂里，各个国家如同链条上的不同节点，分工完成各种商品原材料采购和运输、半成品和成品的生产分销、最终消费和回收处理的全部流程。他们盘根错节，用各自环节创造的价值织就一张"世界链网"。于是，全球价值链（Global Value Chain）应运而生。

在这里，我们不妨大胆借鉴一下弗里德曼的标题吸睛艺术，给出一个世界形状的新回答：

"世界是链状的（The world is chains）！"

全新的规则秩序、壮阔的经济故事都在这个如此简单又无限复杂的二维图形中建构与上演。

● **真正的裁判：增加值**

在以布换葡萄酒的古典贸易时代，由于商品完全由一国独

> 增加值帮助我们将复杂产品抽丝剥茧，像是一个裁判，裁定着每个国家在贸易游戏中真正的价值贡献。
>
> The Value Added helps us unravel complex products, acting like a referee, by determining the true value of contribution of each country in the game of trade.

立生产，该国创造的价值便等于该商品的全部价值。在这个时代，贸易总额简洁优美又理所当然，它充当着衡量各国贸易情况的裁判。

但链状版本的全球化3.0中，世界背景悄然变动——商品由多国共同创造，它们沿着价值链条，从胚胎到成品，经历了或长或短的环球旅行。每经过一个国家，通过该国工人的不懈努力，产品都获得了额外的新增价值，我们形象地将其称为增加值（Value Added）。而当产品每路过一个海关，在传统贸易统计体系里，它当前所具有的全部价值都被记录在出发国家对到达国家的出口账户中。

于是，独属于链状世界的问题出现了。贸易总额这个从前如此成功的核算方式，开始为经济学家们所诟病，成为"统计幻象"：将共同创造的价值全部归于一国是不合理的，并且会带来重复计算问题。由链条前端国家贡献的增加值，一次又一次地被记录在后端国家的贸易总额中。

显然，链状分工模式遮盖了全球贸易格局的真相，"国内出口增加值"正是在此时登上了舞台。它用更复杂的核算方法和更简单清晰的逻辑思路，在这个贸易链条剪不断理还乱的世界里，抽丝剥茧，为在"贸易"中被"贸易"的增加值追根溯源。它拨开了那些本不属于双边贸易的第三方增加值，在大杂烩里开辟出分析个体的可能，回答了那个真正被我们关心的问题：出口商品中有多少价值由出口国创造。

文章的开头提到的1235.78亿美元的贸易总额需要被过滤掉一些他国噪音，1235.78亿美元×73.35%，才是中国的实际收益。这些增加值抵达美国之后，一部分在当地被消费吸收，一部分又将继续踏上它的价值链行程，漂洋过海抵达又一个目的地……

国内出口增加值正是链状世界的新裁判，它关系着国家在贸易中真正的利得，诠释着此间贸易故事里的核心逻辑。

> 比较优势将不同国家遣送到微笑曲线上的不同位置——中段负责打磨原石，而两端则是点石成金。
>
> Comparative advantage positions different countries at various points along the smile curve – the middle focuses on polishing raw gemstones, while the two ends are about turning it into gold.

● **规则：不同国家该站在价值链的何处？**

理解了增加值的含义，另一个问题接踵而至："世界各国的工人同等努力，他们创造的增加值是否相同？"又或者有等价的问法："共同生产同一件产品的几个国家，对商品的贡献率要如何计算?"

链状世界有这样一条"微笑曲线",或许能回答这个问题:

生产链条上,最靠近生产者与最靠近消费者的两端,设计研发、品牌塑造和市场营销的活动往往创造更高的增加值;中间的加工与组装活动增加值率相对较低。于是链条呈正"U"形,犹如嘴角上扬的微笑。

把生产产品的全部流程比作炼金仪式似乎再合适不过。中间的劳动密集型工作如同把原石打磨光洁,劳则劳矣,但量变没有引起质变。而两端的资本密集型、技术密集型工作则恰似点石成金,原石经此一役便不再是石头了。

世界的无形之手循着比较优势理论,将各个国家遣送至微笑曲线的不同位置——

拥有着高技术的发达国家盘踞在链条的两端,以低于国内成本的价格将部分生产活动外包,获得更高的效益。发展中国家也奋勇入局,他们虽处于链上的价值洼地,但凭借劳动力禀赋的优势,在国际生产性资本的加持下,充分调配自己的资源,获得知识外溢与学习成长的机会。无论如何,至少在以国家为单位的总体层面,一切比闭门造车更好。

现在,全球价值链的赛道已然铺就,国内出口增加值这位裁判随时就位,微笑曲线的规则也明了清晰。全新的贸易世界里,禀赋不同的参赛选手们都摩拳擦掌,只待一声令下。

> 增加值赛场上有两个不容错过的看点：1. 赛场极大包容着来自天南海北"性格各异"的选手们；2. 后起直追的黑马故事从不少见。
>
> There are two unmissable highlights in the Value Added Competition:
> 1. The competition embraces competitors with diverse characteristics from all over the world.
> 2. Stories of dark horses catching up are not uncommon.

● 选手：世界的国内出口增加值（DVA）格局

增加值贸易的统计规则还原了全球贸易的价值来源地，让身处其中的各个国家在"增加值排行榜"上找到了自己的位置，"增加值大战"如火如荼。

2020年，国内出口增加值前五名选手依次是中国、美国、德国、日本和英国，法国、意大利、印度、韩国和俄罗斯紧随其后。除第十名外，这一名单和用贸易总额论资排辈的结果，成员相同，只在顺序上有所差别。在卡位争夺战中，俄罗斯作为能源出口大国，因出口更多高国内增加值率的初级产品，而在增加值比拼中击败荷兰，挺进前十。

这些国家无疑都是贸易世界的明星选手，但各自的成长之路则有所不同，特点和性质也不甚一致。它们有的成名日久，是增加值长期以来的核心供给与需求枢纽，掌握了链条顶端的诸多核心技术，比如美国与德国；有的是后起之秀，在开放经济时代头角峥嵘，比如日本和韩国；有的是人口版图里的庞然大物，比如中国和印度……贸易以极大的包容性，让迥异的选手各显神通，又以极大的不确定性，对它们既有的位次发起了挑战。

而增加值故事中另一个不容错过的看点在于，那些相对后进的选手随时可能成为赛场中的明日之星。2015—2020年，国内出口增加值增长率最高的5个国家分别是越南、老挝、立陶宛、爱尔兰和柬埔寨，它们的5年增长率均超过40%。当人口红利和世界局势将经济增长的东风吹至东盟这片土地时，这支以东南亚国家为首的代表团，正在增加值贸易中异军突起。

那么增加值贸易中有普适性的规律吗？我们试图用国内出口增加值率（DVAR）来寻找，但貌似无功而返——

2020年，世界国内出口增加值率最低的3个国家分别是卢森堡（35.06%）、马耳他（40.49%）和刚刚被点名的"突出进步生"越南（49.82%）。而世界国内出口增加值率最高的3个国家是尼日利亚（96.12%）、沙特阿拉伯（93.96%）和"顶流明星"美国（91.79%）。

国内出口增加值和国内出口增加值率只有一字之差，但是呈现出了完全不同的排序。

● 提高国内出口增加值率是错误的数学解吗？

最朴素的数学直觉告诉我们，其他条件不变，想要提高国内出口增加值就要增加国内价值创造的比重，即提高国内出口增加值率。这样的理论推导从逻辑上看来合情合理，但并非总能得到现实世界的青睐——

> 提高国内出口增加值率从而提高国内出口增加值的直觉似乎失验了。当我们面前摆着大蛋糕时，牺牲国内出口增加值率或许是个智慧的选择。
>
> The intuition that increasing DVAR will consequently enhance DVA seems to be a failure. When faced with a large cake, sacrificing DVAR might be a good choice.

拥有最高国内出口增加值率的尼日利亚，在增加值绝对数量上表现平平。而链状世界的明星选手日本和韩国，自20世纪末国内出口增加值率便持续走跌。它们的成长脉络似乎有违我们的直觉，这一切都引人发问：提高出口增加值率是错误的数学解吗？巴基斯坦和孟加拉国的案例对比或许会告诉我们答案。

面对"提高出口增加值率"的目标，这两个渊源颇深且同为纺织和服装出口大户的国家选择了截然不同的路径。巴基斯坦采用了最简单粗暴但立竿见影的方法——原材料的进口替代。当出口的最终成品里外国材料的比重降低，国内增加值率自然上升，巴基斯坦便鼓励本国纺织生产商使用当地自种的棉花代替进口。与之相反，孟加拉国选择大量进口外国原材料，开放经济，深深嵌入纺织与服装的全球价值链。

在1990年，巴基斯坦的纺织与服装出口是孟加拉国的3倍（$3.5bn VS $1.09bn），而到了2016年前者却差点不及后者的二分之一（$12.4bn VS $24.3bn）。"高出口增加值率带来高出口增加值"的美妙解法并没有如期应验，它像一个失败的魔咒把结果推向截然相反的方向。

问题出在那个并不真实的前提假设中，胜负不仅取决于增加值率的变动，大蛋糕和小蛋糕的选择也很重要。事实上，使用本国相对劣质的进口替代，使得巴基斯坦的最终成品失去竞争优势，而承接了价值链上游比较优势的孟加拉国则一路高歌猛进。小蛋糕大份额与大蛋糕小比例的对战中，前者遗憾落败。

我们很难回答在追求高出口增加值这道题里，提高国内出口增加值率是不是错误的数学解。但至少，进口替代给出的回答被证伪。当我们选择更深入地参与到全球价值链中，选择以分到更大的蛋糕为目标时，"牺牲"部分国内出口增加值率是必要且智慧的。而这也正是日本与韩国一直以来奉行的开放准则。

贸易增加值提高之路仍然迷雾重重：链状世界里后进的发展中国家，难道只能长期困在低附加值的陷阱之中，分得偌大蛋糕中的小小一勺吗？

> 国内出口增加值和国内出口增加值率或许并不是个非此即彼的选择。中国的价值链攀升之路，给我们讲述了一个拥有快乐结局的故事版本。
>
> DVA and DVAR may not be an either-or choice. China's journey of value chain upgrading tells us a story with a happy ending.

● 溯流的中国：价值链升级之路

如果这不是一个鱼和熊掌不可兼得的世界，那么增加值的故事或许并不是个非此即彼的暗黑童话，它还有另一个拥有快乐结局的版本等待我们去发现。中国的发展便很好地展示了这一版本——此间20年，在国内出口增加值总体不断增长的同时，它的国内出口增加值率经历了先下降后上升的过程。

2001年，中国加入世界贸易组织，正式广泛地参与到国际合作中来。初入链状世界的中国，和大多数发展中国家类似，无甚高新技术，凭借着劳动力禀赋优势从事附加值率相对较低的加工组装工作，因此国内出口增加值率持续下降，直至2005年后才开始回升。比起进口替代，中国选择了更迂回、更辛苦的价值链升级之路：它从洼地出发，向微笑曲线的两头前进，一头是品牌与市场，另一头是技术进步、研发创新。

在靠近消费者的一端，中国有大市场这个得天独厚的优势。而兼具市场规模与市场熟悉度的本国厂商，与国外高技术跨国公司展开合作，向其购买或学习制造核心技术组件，创建自己的国产品牌。由于更了解本国消费者的偏好，国内品牌在本国庞大的市场中站稳脚跟，并借此勇闯海外。

从中国手机制造业的发展历程可窥中国"品牌之路"的成功。2008年山寨机"美国有苹果，中国有菠萝"的口号仍令人印象深刻；2020年第一季度，华为、小米、OPPO等国产品牌已占有90%的国内市场，并位列全球五大手机品牌之三。尽管小米、OPPO仍装载着美国造的安卓系统与高通芯片，但品牌点石成金般的增加值贡献也非加工组装可比。

而在价值链另一端，技术升级之路则道阻且跻。在瞬息万变、如火如荼的链状世界，中国的劳动力优势正被逐渐稀释直至微不可见。历史又一次展现出惊人的相似，现在东南亚代表团以更廉价的劳动力走上舞台，加工厂正在从中国迁移……无论主动还是被动，中国人力资本的提升都迫在眉睫，研发创新、追逐摩尔定律的跋涉也是刻不容缓。这是离开温床、伴随阵痛的成长过程，也是中国在链状世界中重新找到定位的必要试炼。

20年却又在弹指一挥间。中国制造向"中国品牌、中国智造"转型背后，是增加值驱动的经济逻辑。"提高出口增加值率"可以是好的数学解——在积极投身全球合作的同时，努力提高自身在价值链上的位置，从事附加值率更高的资本密集型、技术密集型活动正是我们寻找良久的选项，它需由国人的智慧与汗水书写。

● 结语：风云再起

增加值贸易的故事序章才起，不和谐之声便不期而至。初露锋芒的潜力选手能否成为明日之星？溯流之路遭遇贸易保护主义时将何去何从？在位者的"脱钩"计划能否实现？

当我们用增加值透镜来重新审视贸易总额，洛杉矶港每日迎来送往的货轮与五颜六色的集装箱，演绎的从来不是中美二人转，而是世界故事。在这里卷起的一小片风云，如同蛛网轻颤，将导向链上所有的参与者。

穿越能源秘密通道的奇幻之旅
A Fantasy Journey Through the Secret Passage of Energy

○文 袁子芙

> 贸易为全球的能源流动提供了一个秘密通道,以实现全球能源资源的再分配。这改变了世界能源账户的分布格局——我们消耗的能源并不等同于我们消费的能源。
>
> Trade provides a clandestine channel for global energy flows to redistribute global energy resources. This changes the pattern of allocation of the world's energy accounts – the energy we use is not the exact equivalent of the energy we consume.

蒸汽火车在历史的轨道中轰鸣而过，将工业革命的果实沿着铁路运往千家万户。"北美与俄罗斯的平原是我们无垠的良田，澳大利亚和新西兰的大草原上放牧着我们的羊群，秘鲁送来了白银，中国和印度种植着我们的茶叶，还有法国的庄园里那娇翠欲滴的葡萄等待我们品尝……"自19世纪末世界市场初步形成以来，我们的生活、生产方式正在悄无声息地变化着——穿梭往来的轮船与火车编织出稠密的交通网，工厂里内燃机的熊熊火焰燃烧过整个电气时代。而驱动这一切的动力之源——化石能源，则在经历了亿万年的沉睡之后，凭借其与日俱增的显赫地位，重新进入了人们的视野。

随着国际贸易对全球能源消费模式演变的推动，在生产和购买时，我们逐渐发现，我们消耗的能源并非我们消费的能源——能源贸易改变了世界能源账户的分布格局。

现代工业的每一个流程——开采、提炼、培育和创造材料——都需要大量的能量。例如在最为环保的制造工艺下，制造出一部现代智能手机至少需要10亿焦耳能量，这大约相当于278千瓦时，或者说是给手机充电一年所用电量的73倍。世界上不同国家的人们使用的手机大部分产自中国，根据工信部发布的统计数据，2022年中国手机产量高达15.6亿台，为此需要消耗的总能量高达4337亿千瓦时。但是，这些能量并非全部来自中国：一部小小的手机，约有49%的零件由我们自己生产供应，18%的零件在大洋彼岸的美国生产后远渡重洋来到我们的手中，还有部分零件来自我们的邻国——日本和韩国。试想将这4337亿千瓦时的能量消耗分摊到相应的生产国之后，我们的能源消耗分布又会有怎样的新格局？然而这只是生产一部手机的数据——当这个数据扩散到全电子行业生产，甚至全球贸易中，又会有怎样的结果呢？

答案昭然若揭：贸易为全球的能源流动提供了一个秘密通道，以实现全球能源资源的再分配。

> 传统的测算方式不能有效回答"商品的环境责任该由谁承担"的问题，显然，将能源消耗全部归咎于生产者有失公平。
>
> Traditional measurement methods fails to effectively answer the question of "who should bear the environmental responsibility for commodities." Apparently, it is unfair to solely blame producers for all energy consumption.

● 什么是贸易中的隐含能源（Embodied Energy）？

无论是从经济、气候变化、国家安全，还是从全球政治角度来看，能源几乎是地球上所有事件背后的驱动力。如今，能源的贸易方式不再局限于传统的燃料交换，而更像是一场神奇的迁移之旅：一件产品或服务从开采、加工、制造，再到运输，其全部生产过程所消耗的总能源，也在交易结束时一并交付至对方，其中隐藏在生产链中的神秘"虚拟能源"，就是隐含能源。

经济全球化的快速发展，使得生产过程中消耗品的提供者和最终商品的使用者在地理上被分开，贸易产品所体现的能源消耗也在地理空间中转移。在生产领域，发达国家将与消费有关的生产任务外包给发展中国家。想象一下，2010年，发达国家和金砖四国（巴西、俄罗斯、印度和中国）的碳能源足迹的平均物理距离居然达到了2000—3000千米，部分地区的碳足迹甚至在6000千米以上，这相当于从我国最北端黑龙江漠河出发，一路驰骋到我国最西端新疆喀什的距离。

在当下的环境核算体系中，大多数对能源消耗的计算都是基于单一国家的。这样的方式明显已经不适应当前全球贸易的大背景，隐含能源的测算将成为能源贸易的一个新的节点。

从1948年到2016年，世界商品出口额从590亿美元飙升至154 640亿美元，增长了260多倍。可想而知，在这庞大的出口贸易量背后，数以万计的隐含能源在不同地区之间悄然流动。

一方面，贸易推动着能源市场的演变，实现了能源在生产国与消费国之间的转移。另一方面，随着生产商品所需能量的流动，本国的能源资源流失、生产过程中对环境消耗的副作用，都将无一例外地转嫁到生产者的身上——而让他们承担产品生产造成的能源消耗对环境的一切影响是极其不公平的。

例如作为世界工厂的中国，在国际贸易中向其他国家或地区提供了大量工业产品。但这同时也意味着，应该由消费国来承担的减少能源消耗的义务，被转嫁给了生产者。因此，中国等出口驱动型国家的能源使用量，可能由于持续不断的商品出口而被高估。反之，发达国家大量进口商品的同时，根据传统的统计口径，其能源的使用可能被大大低估。

一方面，在全球化的背景下，贸易让发达国家把能源密集型生产转移到其他地方，达到减排目标，但这并不会从根本上改变全球能源账户的规模。另一方面，目前的能源测算制度缺乏对排放责任的公平划分，导致我们难以对中国等出口国的能源数据进行准确评估，这也成为相应国家在能源转型过程中的一大障碍。

隐含能源的出现，让"商品的环境责任该由谁承担"的话题再次活跃起来。好的责任分配制度可以建立新的管理组织、平台和程序——在不同的组织体系中，好的分配方式可能带来更低的成本、更多的收益或被认为比其他分配更公平的成本和利益分配。

而这一切，都有赖于商品中隐含的能源能够被正确有效地计算。

> 主要担任"工厂"角色的国家的中间品贸易参与度尤其高，在测算这些国家的隐含能源时，应被纳为主要的考察对象。
>
> Countries that primarily serve as "factories" have a particularly high participation in the trade of intermediate goods which should be included as the main subject of examination when measuring their embodied energy.

● **如何测算商品中的隐含能源？**

在制造的过程中，能源已经内化于商品，既"看不见"，也"摸不着"，该如何破解这个隐藏在商品背后的虚拟宇宙呢？在现有的研究中，核算隐含能源时大多将目光主要放在能源的消耗中——在煤炭燃烧、石油燃烧，电力转化为机械动能等能源消耗的背后，随着机器轰鸣和星罗棋布的交通网络，我们所购买的商品或服务从不同的生产部门出发，最终汇集到我们的手中。通常，学者们习惯借助热量单位来计算或描述能源消耗度，再运用列昂惕夫提出的投入产出分析方法，将同一个国家或地区中燃烧或转化的能源量作为该生产部门的直接能源消费量，并根据不同国家间的商品贸易关系，将该直接能源消费量分摊给有能源消耗的相关部门，以此来计算隐含能源的具体数值。

另一方面，人们将关注点转向了贸易的中间品——主要用来满足本地或国外地区生产的商品和服务。在这一情境中，中间品的消费并不会从经济网络中消失，而是隐含在其他商品之中，继续在网络中流动。在以往对隐含能源的研究中，相比用来满足本地或国外地区的最终需求的最终品，对中间品贸易的研究并不多。然而，近年的数据表明，中国出口的中间品隐含能源是最终品的2倍，而中间品进口的隐含能源更是最终品的9倍。目及全球，这个数据可能更为惊人——中间品的贸易量甚至达到全球贸易总量的三分之二。毫无疑问，在一个国家发生进口和出口贸易活动时，无论贸易对象是中间品还是最终品，我们都可以从其生产过程中发现隐含能源的影子。在国际供应链中主要担任"工厂"角色的国家，如中国等发展中国家，中间品贸易参与度极高，在测算其隐含能源时，中间品应被纳为主要的考察对象。

> 隐含能源净出口国的能源使用量远高于基于消费的能源使用量：根据传统的统计口径，发展中国家的能源使用量被高估，发达国家大量进口商品的能源使用量被低估。
>
> Embodied energy use in net energy exporters is much higher than consumption-based energy use. According to traditional statistical calibrations, energy use is overestimated in developing countries, and underestimated in developed countries with large imports of commodities.

● **颠覆的"真相"：贸易调整后的全球能源消耗格局**

在对贸易产品进行调整后，我们可以计算出各国能源足迹的变化情况：我们需要计算一个国家的国内能源使用量——基于生产的能源使用量，然后减去用于生产出口商品的能源使用量，再加上用于生产进口商品的能源使用量。这个数字就是基于消费的能源使用量。

当我们将贸易中蕴含的能源计算为各国国内能源的份额后，一个反差相当明显的全球能源消耗模式出现了。在原本以进出口商品贸易额为统计口径的模式下，中国、德国、俄罗斯和沙特是主要的顺差国，而美国、其他欧盟国家和日本等发达国家则为主要逆差国。但是，在能源贸易的世界里，大多数欧洲国家，特别是西欧和南欧国家，以及美国，是隐含能源的净进口国；中低收入国家——中国、印度、巴西、南非——则是隐含能源的净出口国。能源净出口与贸易净出口的差异竟然如此之大！这意味着对于隐含能源的净出口国——大部分发展中国家而言，其国内能源使用量要远远高于基于消费的能源使用量。

此外，隐含能源消耗的分布呈现出区域集中度高、消耗量稳定的特点。隐含能源消耗的主要经济体的消耗量总和占全球隐含能源消耗总量的比例常年超过60%，且并未出现大幅增长的趋势，目前稳定在65%左右。中国等大部分发展中国家，成了这场隐含能源贸易中的消耗主力。

> 我国的能源结构严重失衡。在这场由贸易活动牵引的全球能源大迁徙的奇幻之旅中，优化能源结构、降低出口产品的能源强度，迫在眉睫。
>
> Our country's energy structure is seriously imbalanced. In this fantasy journey of the great global energy migration pulled by trade activities, it is urgent to optimize the energy structure and reduce the energy intensity of export products.

● 能源贸易的主角？ 中国在全球能源贸易中的角色

能源在维持经济和社会发展方面发挥着支撑性作用，同时，呈爆炸性增长的经济指数严重依赖石油、煤炭等化石燃料源源不断的能量供给。近几十年来，随着全球能源消费迅速扩张，中国的能源消耗需求也在逐年递增。2009年，中国一跃超过美国，成为世界上最大的能源消费国——能源需求占全球的20%以上。

中国为什么成为最大的能源消费国？玄机就在贸易里。

作为世界上最大的商品出口国，中国近三分之一的能源被用于满足国外地区的发展需求，这无疑让我国本不富裕的能源储备雪上加霜——大量能源资源随着货物的出口而悄然流失，其他国家能够通过消费中国的产品避免国内的能源使用。

在中国的隐含能源出口市场中，制造业的比重高达80%，其中包括了高能耗但目前生产技术水平较低的电器机械、石油化工、矿物制造等制造部门。相对廉价的加工生产费用，加之可以转移自身的能源消耗——这一行为在满足其他国家和地区的贸易、能源需求的同时，也在一定程度上改变了全球的能源消耗格局。

商品结构需求的地域差异在这场贸易中也扮演着重要的角色——这些流出的"隐形资产"大部分流入了日本等亚太地区国家，其中的72.05%以中间品的形式进入了亚太地区的各类生产车间，开始其下一阶段的生产加工。而大部分以最终品形式流出的商品，其目的地则是以美国为主的北美地区。

从另一个角度看，中国进口贸易中的隐含能源数据也非常有意思。进口市场中，制造业与资源开采业的份额平分秋色，不再是出口市场独占鳌头，这与我国的实际情况有关——中国作为主要的石油资源净进口国之一，国内石油和天然气资源长期处于贫乏状态。尽管中国在出口生产和参与全球价值链的过程中，主要充当着化石能源供应者的角色，但同时我国对能源也是高度依赖的：中国资源禀赋相对较差，石油、天然气等优质能源短缺，对外依存度高；可再生能源储量充沛，但由于技术壁垒与自然条件的限制，开发程度不高，我国的能源结构严重失衡。在我国经济新常态的背景下，自身的能源需求仍然很大，此时再加上来自国际贸易中源源不断的商品需求，一不小心就会"不堪重负"。

因此，在这场由贸易活动牵引的全球能源大迁徙的奇幻之旅中，优化能源结构、降低中国出口产品的能源强度，迫在眉睫。